| 光明社科文库 |

现代化转型之婚姻围城
和贫困家庭治理

王守杰◎著

光明日报出版社

图书在版编目（CIP）数据

现代化转型之婚姻围城和贫困家庭治理 / 王守杰著
. -- 北京：光明日报出版社，2022.3
ISBN 978 - 7 - 5194 - 6585 - 8

Ⅰ.①现… Ⅱ.①王… Ⅲ.①贫困问题—社会政策—
研究—中国 Ⅳ.①D632.1

中国版本图书馆 CIP 数据核字（2022）第 075338 号

现代化转型之婚姻围城和贫困家庭治理
XIANDAIHUA ZHUANXING ZHI HUNYIN WEICHENG HE PINKUN JIATING ZHILI

著　　者：王守杰

责任编辑：李壬杰　　　　　　　责任校对：李　倩　李佳莹
封面设计：中联华文　　　　　　责任印制：曹　诤

出版发行：光明日报出版社
地　　址：北京市西城区永安路 106 号，100050
电　　话：010 - 63169890（咨询），010 - 63131930（邮购）
传　　真：010 - 63131930
网　　址：http：// book. gmw. cn
E - mail：gmrbcbs@ gmw. cn
法律顾问：北京市兰台律师事务所龚柳方律师
印　　刷：三河市华东印刷有限公司
装　　订：三河市华东印刷有限公司
本书如有破损、缺页、装订错误，请与本社联系调换，电话：010-63131930
开　　本：170mm×240mm
字　　数：227 千字　　　　　　印　　张：16.5
版　　次：2024 年 1 月第 1 版　　印　　次：2024 年 1 月第 1 次印刷
书　　号：ISBN 978 - 7 - 5194 - 6585 - 8
定　　价：95.00 元

目　录
CONTENTS

绪　论

党的十九届四中全会明确指出，构建应对贫困的长效机制，就是对社会救助制度进一步完善与发展的新要求。有学者认为，2020 年以后，社会的相对贫困群体需要分类管理、精准救助，避免返贫现象发生，相对贫困群体大体可分为三类：支出型贫困、收入型贫困与资产型贫困。本书从社会工作专业角度把贫困家庭分为三类：老年贫困家庭、残疾贫困家庭和边缘贫困家庭。

社会工作作为一种秉承利他主义价值观的集社会政策、价值理念、实务方法的专业活动，在许多国家已得到政府支持、公众认可。我国的社会工作才刚刚起步，虽然取得初步成效，但还存在社会影响力不大、公众认知度不足、自身发展能力不强等问题，因而总结经验和克服短板，挖掘其家庭治理、社会治理价值更具现实意义。社会工作介入贫困家庭的实践在上海取得了一定进展，为解决相对贫困家庭的特殊需求，上海逐步完善了社会救助政策。社会工作作为家庭治理的手段之一，已经逐步渗入相对贫困家庭的社会救助政策中，体现在残疾家庭，老年家庭和低保、低收入边缘贫困家庭的社会救助中。社会工作本土化探索取得了一些成效，但还存在一些瓶颈、短板，也正是这些瓶颈、短板才为社会工作本土化提供了进一步发展的空间和动力。今天的社会工作必须考虑家庭和婚姻的概念差异以及中国文化和欧美文化的差异性。

　　社会工作是社会现代化转型的产物，作为一门专业、职业和实务性强的学科，是慈善救助科学化、专业化、职业化发展的结果。它起源于英美，后传入中国。从社会工作起源看，英美等发达国家在早期的工业化、现代化进程中，在慈善组织会社的推动下，在救济贫困家庭、保护流浪乞讨儿童方面做得较好。从历史上看，社会工作起源于 1601 年英国的《伊丽莎白济贫法》，这是政府介入贫困家庭的最早尝试。英国政府试图通过分类救助的手段区分值得救助和不值得救助的贫困乞丐群体，老弱病残进行院内救济（进入"济贫院"），一旦发现有体力的乞丐还在乞讨则行使粗暴的鞭刑、关进监狱或者强迫进入贫民习艺所，让他们通过学习一门手艺自食其力。经过 300 余年的发展完善，到 20 世纪初，个案社会工作在美国开始成型，这是慈善救济的科学化、专业化、职业化发展的结果，是解决工业化进程中大规模贫困家庭、贫困儿童问题的渐进性、改良性手段。之后小组社会工作方法、社区工作方法逐步发展完善，且这些方法相互融合、互为补充、综合发展。这些手段、方法不只依托民间慈善组织，还依托社会救助政策、社会保障制度，通过民间慈善基金和政府财政资金及不同行业的志愿者同步开展。社会工作在贫困家庭日常生活中的作用越来越大。家庭问题、家庭矛盾的解决方法多种多样，各有优劣，而社会工作在事前预估、分析、解决问题方面具有独特之处。19 世纪末 20 世纪初的社会工作专业创始人玛丽·埃伦·里士满（Mary Ellen Richmond）女士曾经就问题儿童的救济做了个比喻——孩子像脱缰野马，法律是惩罚冷酷的父亲，慈善是宠爱温情的母亲。换言之，社会工作是法律和慈善的结合体，是父母亲的结合体。社会工作是英美普通法土壤孕育出的产物，是否适应中国的文化土壤取决于社会工作在中国的发展能否结合中国的文化、国情和现实需要。这需要结合一个个鲜活的中国贫困家庭的案例，具体情况具体分析，具体解决。这种本土化社会工作具有以下特性：

一、理论性：社会工作既需要基础理论做分析工具，又需要实务理论和技巧。理论的功能是描述事实，解释因果关系，揭示规律，预测趋势。这是解决问题的前提，没有理论的前瞻性揭示，解决问题就没有方向感和路径感，犹如无头苍蝇在现实生活的困境中乱飞乱撞。

二、政策性：我国社会工作的特点是政府主导，社会工作项目大多是以政府购买服务的形式展开。近年来在社会救助领域，社会工作介入贫困家庭服务由广度到深度逐步拓展。社会救助政策自改革开放以来发生了一些转变，从解决绝对贫困问题转向民生问题和相对贫困问题。本研究中的上海本土案例是在社会救助政策实施的过程中，社会工作者和社会工作介入的具体结果。根据社会救助政策把上海贫困家庭分为三大类——低保家庭、低收入家庭、边缘贫困家庭。而在具体社会工作实践过程中，工作者按照专业需要把贫困家庭分为残疾人贫困家庭、老年贫困家庭和边缘贫困家庭三大类。

三、专业性：社会工作者把个案方法、团体方法和社区方法综合运用到贫困家庭社会救助政策的实施过程中。以老年贫困家庭、残疾人贫困家庭和边缘贫困家庭为救助对象，再通过个案走访、抽样问卷调查、小组座谈、电话访谈等方法判断出每一户家庭的贫困原因和具体需求，并预估每类个体问题的需求和满足之间的差距，理性分析合理需求和不合理需求。在预估的基础上为每一户家庭定制个性化的干预方案，如心理辅导、家庭矛盾调节、家庭关系和角色重塑、社区融入、就业辅导和社会支持等。最后由专业督导评估团队根据社会救助政策和服务对象的满意度，制定评估指标体系，评估社会工作介入过程的阶段性成效，查找社会救助目标的完成情况及过程中的短板和不足，并给出下一步的工作建议。

四、本土性：第一个含义是国际化必须结合本国的国情和文化传统。国内外社会工作学界一直存在国际性和本土性之争论，社会工作的国际派强调社会工作专业学科的国际标准，国际理念，国际方法和实务理论的标准化、统一化，而国内学者强调中国社会的本土乡土民情。本研究试图在借鉴发达国家社会工作的成果、成效、方法、理论的基础上，结合本土文化特色，把二者有机地融合在一起。本土性的第二个含义是重视贫困家庭成员的具体需求，同一个人在不同生命周期的童年、少年、青年、老年都有不同的需求，都有不同的物质生活本能需求、文化生活伦理需求和精神信仰的生命意义需求，但不同贫困群体需求在相同年龄段需求也不同。本土性的第三个含义为宏大叙事和生活叙事相结合。叙事疗法源自哲学流派的后现代主义，后演变为个案社会工作方法的一种，而本书则借鉴个案社会工作方法中的叙事疗法，加以改进，从宏大的元叙事到日常家庭生活叙事入手，从而讲好社会工作介入的生活叙事。

研究方法

从社会工作的实务视角看，用社会工作实务理论结合上海边缘贫困家庭、残疾人贫困家庭、老年贫困家庭预估家庭需求，提出解决方案；运用社会工作三大专业方法，制订具体干预策略和干预方案，并由社会工作者实施；实现需求预估、诊断、专业方法承接、社会资源整合、项目成效自评和督导评估的机制化、规范化和常态化，以图实现小家庭和大社会的良性互动，在失衡中寻求平衡的社会救助新模式。

本研究依托文献方法、抽样调查方法和入户访谈法，分析贫困家庭的原因，预估其合理需求，提出干预策略和程序，制订具体干预方案，同时运用社会工作三大方法，及时评估实施效果，进行经验总结。

第一章　美式社会工作的经验和教训

　　社会工作起源于英国，成熟于美国，作为贫困家庭治理的新生力量，曾经在微观个案贫困家庭中发挥过雪中送炭的功能，也在宏观福利政策中发挥过政策倡导功能、政策执行功能。但是最近一些年来，美式社会工作陷入一种制度性困境，结构性经济危机和婚姻家庭危机、阶层分化和社会固化似乎再次陷入中世纪封建社会的"身份世袭、职业固化、社会分层、代际传递"等泥淖。社会工作能否直面挑战，走出制度性困境，避免福利危机，还需要时间和实践验证。社会工作本土化既可以借鉴英美的经验，又可以吸取其历史教训。

第一节　美式社会工作的产生

　　英美社会工作的特点是英美渐进式改革文化的组成部分，是在利他主义价值观指引下，利他主义价值观来源于传统天主教的慈善观、新教（圣公会国教、路德教、加尔文教、福音派、再洗礼派等）的慈善观、文艺复兴的人文主义（包括心理学的人本主义）、现代福利观等复合观念，这些利他主义以新教革命为界限，发生了慈善革命。传统慈善观念强调无条件助人，新教慈善观念强调有条件助人，更强调达则兼济天下，穷则独善其身。传统慈善赞美贫困，现代慈善批评贫穷，强调"授人以鱼不如授人以渔"的新助人观。

　　社会工作价值观是新教慈善和现代福利观念在漫长的历史长河中相互影响的结果。正如有人认为，美国社会具有双重性，它既是一个世俗国家，又是一个宗教国家。这种双重特性塑造了美国的历史和文化。具体到社会工作而言，其社会工作既具有公益性互助伦理，又具有自我奋斗、自我负责的责任伦理。有些学者认为，美国文化是两股力量互相推动的结果：一股是市场化机制的自我奋斗、自我负责的个人力量，另一股是公益性的社会互助力量。而在这些改良力量的发展过程中，社会工作作为一个专业、一个职业，可以是慈善救助现代化转型的产物，从价值观、方法论、专业伦理到专业理论体系趋于完善。从社会工作发展进程来看，美式社会工作是五股力量发展的结果，这五股力量在社会改良进程中为贫困家庭、弱势群体提供了物质帮助、儿童救助、卫生健康、科学研究、大学教育、社会矫正、贫困救济等社会服务。初期的社会工作者通过社会学调查方法分析美国复杂的儿童乞讨、婚姻家庭乱象，采用访谈法、问卷调查法等社会工作方法为穷人家庭提供科学的帮助，通过心理咨询为贫困群体提供心理治疗，并通过撰写贫困家庭的社会报告，间接影响社会福利政策的改革。在福利政策、福利国家兴起后，和国家、社会组织一起协调治理现代转型期间，贫困家庭的问题治理。

　　早期的社会工作是由三股市民社会力量推动发展的结果。慈善组织会社的发展、城市睦邻运动的发展、慈善基金会社区基金会的推动，主要是民间力量、宗教组织自下而上的自发推动。市民社会是推动社会工作发展的初始力量和原动力。在发展进程的中期，社会工作是政府政策推动的结果，尤其以 20 世纪 30 年代经济大萧条开始的罗斯福新政，开启了美国福利政策对穷人的制度化帮助。后期是科学研究、大学教育和职业发展相互影响相互渗透的综合发展的结果。总而言之，美国式社会工作是多种力量推动发展的结果。

一、慈善组织会社的推动

社会工作萌芽阶段主要是从以兼职志愿者为主发展到以专业化的带薪工作者为主。美国在早期尤其是南北内战后，经济欣欣向荣，农业生产技术大幅改进，工业化加速。当时欧洲大陆还处在拿破仑战争后的维也纳体系，遭受着战乱之苦、饥荒之苦、贫困疾病之苦、死亡之苦（被称作天启四骑士）。欧洲人开始向美国移民，奔向新大陆，追求美国梦。当时的美国南北战争结束之后，经历了经济发展的黄金阶段，又被称作镀金时代。镀金时代是美国最好的时期，同时也是问题最多的时期。各种家庭婚姻合法性问题、离婚率暴增、儿童乞丐问题等社会问题纷至沓来。人们为解决这些社会问题大多依赖亲戚、朋友、邻居及社区志愿者。人们认识到解决任何一个问题，哪怕是小事情，大家都通过结社的方式解决。托克维尔说过，英国人解决一个问题靠贵族单枪匹马干大事，而美国人结社是唯一的途径，哪怕最小的事情也要结社解决。美国的文化和经验是团队力量大于个人的力量。亚历克斯曾就 19 世纪 80 年代早期美国遍地开花的社会组织这样评论道："所有年龄、条件及性格的美国人都在不断地形成（各种）组织，为人们提供娱乐场所，建立教堂、餐馆、医院、监狱和学校。"① 1863 年，马萨诸塞慈善总社成立，是职业化社会工作者的雏形。1877 年布法罗（水牛城）成立美国

---

① 许斌. 美国社会工作的职业化、专业化发展历程及对我国的启示（上）[J]. 中国社会工作，2016（28）：55-56.

慈善组织会社。1893 年，布法罗慈善组织会社提出，从事社会工作的人必须接受特殊专业训练。于是 1898 年，美国纽约公益学校组建。该学校在纽约慈善组织协会秘书爱德华德的指导下，开始为带薪工作者提供 6 周的暑期训练营，之后培训时间延长到 1 年，最终延长到 2 年。1901 年，社会工作的创始人玛丽·埃伦·里士满（Mary Ellen Richmond）的《社会诊断》一书出版，该书被公认为是社会工作诞生的标志。1915 年，在美国慈善矫治委员会会议上，亚伯拉罕·弗莱克斯纳（Abraham Flexner）认为社会工作是一个专业，并提出界定社会工作的六项标准。1917 年，美国成立社会工作者交流协会，提供职业需求和发布渠道。1919 年，美国社会工作者专业培训学校联合会成立，联合会的会员既有培训机构又有培训学校。1921 年，社会工作者协会成立，取代社会工作者交流协会。1923 年，美国福利委员会起草了一个行业规范，即个案社会工作者的道德规范，这是社会工作职业规范的开端。1927 年，美国社会工作学院联合会成立，将职业培训学校并入美国社会工作学院联合会。培训机构可以提供包括本科教育和研究生学历教育的专业化工作。1939 年，美国社会工作学院联合会决定，只有属于大学教育的两年制研究生项目才属于专业的社会工作教育。按照许斌教授的研究，该决定引起了其他招收本科专业教育的学院的反对。于是，1942 年，美国社会服务行政学院联合会成立，成为美国历史上第二个专业教育组织。第一个专业教育组织主要是由西部公立大学学院组成的，提供本科教育和 1 年研究生教育。1951 年，这两大组织合并为美国社会工作教育协会。可以说这是慈善救助专业化、科学慈善的开端。从 19 世纪中期到 20 世纪中期，经历 100 多年，美国完成了从慈善传统救济到现代科学慈善，即社会工作的转型。

二、城市睦邻运动发展

现代化大发展阶段也是乡村城市化阶段，传统乡村社区衰落，新兴城市社区兴起。在乡村城市化进程中，城市郊区出现大量贫民区。按照许斌教授的研究，美国社会工作职业化发展的第二股力量是在工业化过程中，乡村社会衰落，城市社区兴起，大量乡村人口向城市积聚，外来移民向城市聚集，产生了大量的贫民区。为解决城市穷人的问题，1886年，美国的睦邻运动兴起，这同样受到英国社区睦邻服务中心的影响。一些美国的有识之士，如社会改革家珍妮·亚当斯和柯以特分别在芝加哥和纽约建立睦邻会社。之后，美国在短短 15 年时间建立了上百个睦邻社，无数年轻人投入到 19 世纪 90 年代的睦邻运动中去。1905 年，在玛丽·里士满推动下，马萨诸塞州医院建立了美国历史上第一个医务社会工作部。其间，医学社工和护士的身份、职能的争论也持续了很长时间。但医务社会工作对专业教育更加专注，更强调助人的社会学方面。1912 年，美国波士顿社会工作学院成立，设立一年制的医务社会工作课程班。① 可以说，社会工作是睦邻运动的产物，是睦邻运动推动的结果。

三、慈善基金会的推动

如果说志愿者的慈善活动是推动社会工作的专业化、职业化力量，那么慈善基金会则为其专业化、职业化提供了资金支持。因而可以说美国的传统慈善和现代社会工作是有钱出钱、有力出力、有技术出技术、有土地出土地的多种力量发展的公众活动。基金会主要为慈善的科学化

---

① 许斌. 美国社会工作的职业化、专业化发展历程及对我国的启示（上）[J]. 中国社会工作，2016（28）：55-56.

提供资金支持的历史在美英源远流长，尤其是在美国，各类基金会发展迅猛。这也是慈善组织分工发展的市场化的产物。洛克菲勒基金会、卡耐基基金会、拉塞尔塞奇基金会。最早进行基金会实践的是本杰明·富兰克林（Benjamin Franklin），1790 年，富兰克林在遗嘱中明确规定，将自己的遗产用于资助品格优秀、已经结婚有才能的青年人，在波士顿和费城设立两项慈善信托基金，用于广泛的公共事业。这两项慈善信托基金的宗旨是促进人类幸福和提高知识水平。这些组织的名称五花八门，从基金公司、信托基金到信托慈善基金等。基金会大致可分为四种：一是社区基金会，是一个免税的、非营利的、自治的、公众支持的慈善机构。工作方式是一边筹款，一边资助社区公共事业。比较著名的有克利夫兰基金会，于 1914 年成立。最大的社区基金会是纽约公益信托基金，资产达 20 亿美元。还有比较著名的硅谷社区基金会、半岛基金会。二是独立基金会，历史悠久、数量巨大，资产庞大。占基金会总量的 85%。由个人捐赠和遗产建立。大的基金会有福特基金会、洛克菲勒基金会、卡耐基基金会和皮尤基金。三是公司基金会，资金来自公司的商业利润捐赠。四是运作型基金会和业务型基金会，资金主要来自私人和家族，数量较少，但社会影响较大。如塞奇基金会、斯坦利基金会、查尔斯·凯特琳基金会，近来影响较大的有比尔·盖茨基金会。慈善基金会是一股推动社会变迁的巨大力量，尤其是在教育平权方面的改进及消除社会不平等方面。这是慈善科学化的另一功能。在 20 世纪初，慈善基金和个人捐款占到 50%。有学者认为，没有慈善基金、个人捐款，美国的教育就会坍塌。

四、福利政策的推动

美国 20 世纪 30 年代周期性的经济大萧条，结构性失业、摩擦性失业、永久性失业现象成为最严重的社会性贫困问题。据研究，当时美国的失业率在25%左右，失业人口高达1250万，平均每4个家庭成员中就有1个人失业。失业、贫困、离婚、吸毒、酗酒、疾病等多种因素互为因果，使美国陷入失业、贫困、家庭暴力、离婚、吸毒、酗酒等恶性循环。① 单靠个人的努力、勤奋、传统教会的慈善捐赠已经解决不了国家范围内的贫困问题，人们的观念也发生了转变，认为贫困不再是个人问题，有些人认为因面包犯罪不是个人品德问题，而是国家的耻辱，是文明的蒙羞。政府有责任为穷人家庭提供物质帮助、就业支持等社会服务。于是，罗斯福新政开启了政府介入贫困家庭的新时代，开启了美国式福利国家之路，政府部门的职能随着福利政策的实施开始扩张，扩张到市民生活的方方面面。社会工作行政作为一种新的社会工作方法开始兴起，团队社会工作、社区社会工作方法成为解决、改良社会问题的新引擎。团队社会工作实务理论、社区工作实务理论等随着各种学科的发展越来越丰富，越来越多元。心理学、社会学、女权学等日益渗透，交叉学科相互融合。而20世纪六七十年代，由于民权运动、女权运动的推动，约翰逊政府的伟大社会工程——向贫困开战，为社会工作的开展提供了日益巨大的空间。而社会工作作为福利政府的左膀右臂，在社会融合、贫困家庭支持、养老支持、儿童福利发展等多个领域发挥着越来越重要的作用。

1950年，一些专业协会和美国社会工作者协会达成一致意见，组建社会工作会员临时委员会。经过努力，在1952年促成专业组织的融合，1955年，美国国家社会工作者协会成立。该协会的目标和宗旨是：提升社会工作服务行政水平；促进社会工作研究，完善社会工作实践，

---

① 包威，万书霞. 罗斯福总统新政中增进就业措施的借鉴［J］. 洛阳师范学院学报，2013，32（12）：86-89.

提升社会工作教育，为专业招生；改善社会条件、获得公众理解、改善社会工作者的薪酬和工作条件、发展传播强化道德准则；获得资格条件认证和能力认证；促进其他国家职业发展。20 世纪 50 年代晚期，格林伍德（Greenwood）提出社会工作专业化的五大属性标准：一是理论体系；二是专业权威；三是社会认可；四是道德规范和专业伦理；五是专业文化。1960 年，国家社会工作协会采用道德守则指导专业实践。

20 世纪 60 年代，随着约翰逊"伟大社会"口号的提出，美国政府开始全面干预贫困家庭，实施了向贫困开战的伟大社会建设工程。同时社会福利政策的实施、科学研究的深化、大学教育的推广普及，社会工作进入了综合化、多元化等去社会化的专业化阶段。所谓去专业化阶段，并不仅仅是脱离专业化，而是社会工作专业更加开放、更加综合，专业化和职业化更加融合。其标志有三：一是获得专业资格、职业资质的门槛降低；二是社会工作实践教育趋向通识教育；三是和其他专业的合作不断加强。20 世纪 60 年代，美国经济繁荣发展，社会民权运动、女权运动狂飙突进，社会工作者也变得更加积极活跃，开始离开临床导向的专业阵地，转向"社会行动"的前线。但到了 20 世纪 70 年代，美国保守主义回归，社会工作者再次转移到临床导向的专业化阵地。1970年，美国社会工作者协会修订入会条件，再次降低专业门槛，只要完成协会认可的本科课程，获得学士学位就可以获得职业资格。这与其说降低门槛不如说是开放大门，不需要同时满足本科和硕士的教育背景要求，只要获得本科教育学士就可以获得资格认证，这为少数族裔群体开放了大门。1985 年，美国主修社会工作学士学位的 23500 名全日制研究生中，28.6%的学生是少数族裔。然而，14055 名全日制研究生中，仅有 15.6%属于少数族裔。许斌教授认为，当时在社会工作专业内形成了专业人才的结构性歧视链。① 本着人人平等理念的社会工作内部竟产生了职业歧视链条，这实在颇具讽刺意味。

五、科学研究、大学教育和职业发展相互影响、相互渗透、综合发展

1980 年，美国因经济衰退发生了"里根革命"，整个社会风气"右"转。这种社会思潮的转向，直接影响了社会工作的专业发展。财政拨款压缩，报考学生人数减少，社会影响力下降。1979 年，社会工作学生数量达到峰值，之后急剧下降，1983 年又开始回暖。MSW 学生人数也是如此，20 世纪 70 年代末不断下降，至 1983 年时少了 1/5，但 1983 年之后却开始相对平稳发展。社会工作的本科专业教育同时受到多学科多专业的影响，专才教育日益向通史教育、通才教育发展。这并不意味着专才教育的失败，而是专才教育在通才教育的拓展上，向一种更加多元、更加广阔的领域开拓。1985 年的一份调查报告显示：61% 的本科毕业生选择直接进入应用实践领域，22% 的学生选择精神护理健康和社区精神健康，16% 的学生选择卫生护理，14% 的学生选择家庭服务，11%的学生选择儿童福利实践。②

随着专业身份认同的稳定，社会工作专业和其他专业开始相互合作和交叉渗透。社会工作教育委员会和社会工作者协会渗透了医学、法学、神学、教育学、护理学、心理学，以探索专业合作、学科渗透改善人类服务的多元途径。社会工作科学化、专业化复合型的发展导致通才实务社会工作者的出现。其专业性也日渐出现综合性趋势，特征日益模糊化。同时，美国的家庭、社会、社区在金融资本主义、福利国家的发

---

① 许斌 . 美国社会工作的职业化、专业化发展历程及对我国的启示（上）［J］. 中国社会工作，2016（28）：55-56.
② 许斌 . 美国社会工作的职业化、专业化发展历程及对我国的启示（下）［J］. 中国社会工作，2016（31）：55-56.

展中，日益两极分化。家庭危机、个人主义危机、社区社会冲突危机使
得社会工作面临结构性、制度性危机的挑战。

第二节　美式社会工作的专业方法

在社会救助贫困家庭过程中，美式社会工作的方法越来越完善，从
初期的个案社会工作、小组社会工作到后期的社区社会工作，再到社会
福利政策兴起，社会工作行政方法发展也越来越成熟，同时由于福利政
策的弊端，政府从管理型政府向服务型政府转变，政府购买服务兴起。
形成了民间社会组织参与、政府购买、社会工作干预的治理模式。

一、个案社会工作

个案工作方法在美国的发展演变形成了系统的理论和服务模式。玛
丽·里士满的《社会诊断》一书奠定了个案工作的方法论基础，她用
社会学的调查方法揭示家庭婚姻、社会贫困等工业化带来的一系列诸如
贫困、乞丐、婚姻乱象等社会问题，并提出一系列有效的应对策略。后
来受弗洛伊德精神分析心理学观点的影响，她开始关注个人的经历和经
验，从单纯的贫困救济到关注个人的心理问题。但其个案社会工作理论
在一开始就遭到来自左派和右派的批评，左派认为因为社会工作比传统
慈善过于苛刻，在对穷人的帮助上，一点也不慷慨；右派认为社会工作
和个人主义价值观、自我奋斗的独立精神相违背，破坏了市场竞争的秩
序，违背了自由竞争的精神；社会工作就是在这种左右冲突中如履薄冰
地寻找自己的社会定位，并不断演化发展出多种个案模式，这里列举其
中六种模式。

（一）"心理派"社会工作模式

弗洛伊德（1856—1939）作为心理社会派开创者，是一战前后的两个不同世界的经历者和见证者，作为该模式的奠基者，他的影响力不是因为长寿，而是因为他的思想。他崇尚科学，认为科学是解决人类灾难，实现人类美好、和平的唯一希望，他见证了人性的欲望不受节制地放纵，从而导致战争的爆发，如果人们都理性地服从社会文明，社会道德又会压制人的本能欲望，导致抑郁；他见证了工业化进程中人们的抑郁、压抑。弗洛伊德认为人类受制于非理性的欲望和本能，但他相信理性是解决问题的钥匙。他提出人是本我、自我、超我的平衡体：本我是人的本能，遵循的是快乐原则；自我是理性的，遵循的是现实原则；超我是社会道德，遵循的是道德原则。这三个"我"一直处于一种相互冲突、相互平衡的状态。后来有人将心理学应用于个案工作，揭示服务对象和社会环境之间的关系，该模式发展出人在情境中的理论，提出人和环境是一个互动体系，人改变着环境，环境也改变着人，这是一种双向互动关系。心理派社会工作模式强调通过治疗，增强人对社会的适应能力和互动能力。处于世纪之交的弗洛伊德是一个悲观主义者，他的伟大在于开创了一个用科学分析的方法、用临床观察治疗的方法，探寻人内心世界的焦虑、冲突和抑郁的新时代。

（二）"功能派"社会工作模式

功能学派源于英国学者赫伯特·斯宾塞（Herbert Spencer，1820—1903）的进化论，通常被称作社会进化论，又被一些学者称为"社会达尔文主义"。斯宾塞作为社会学创始人之一，被社会史学界公认为除马克思、涂尔干、马克斯·韦伯之外的第二流社会学家，他认为社会结构内部的各种要素功能可以解释它们的起源和存在，他不承认宗教先验主义。他的经验主义、进步论和个人主义对美国的社会学、心理学产生了巨大影响。20 世纪 30 年代，由弗洛伊德的学生兰克倡导，经塔夫脱及罗宾逊综合后提出了功能派社会工作模式。该学派认为个体的行为是冲动力、理智、感受、意志平衡作用的结果。该模式以自我心理学为理论基础，强调人是自己的创造者，个体行为虽然受潜意识、非理性、早期生活经验等因素的影响，但决定性因素还是个人意志，个人能借助专业人员的帮助以发挥潜能、解决问题。功能派认为个案社会工作的主要目标不在于治疗个人，而是达到社会目标，所有社会工作的目标在于发挥个人、群体和社会潜力，满足个人需求和社会利益。功能学派强调个人和社会的互动关系，社会工作者是协调者的角色。

（三）"问题解决派"社会工作模式

"问题解决派"由芝加哥学院伯尔曼于 20 世纪 50 年代创立，其核心观点是：人的一生是面临问题、解决问题的过程，人从生到死都会面对不同的问题，尝试不同解决方法。解决人的问题的关键在于寻求方法和获取支持。工作者的目标是帮助受助者消除心理焦虑，增强自我功能；针对受助者的过去、现在状况对未来生活的影响，专业工作者为其提供适当的服务。

（四）行为治疗模式

行为修正学派兴起于 20 世纪初期，成熟于 20 世纪 70 年代。它以学习理论为基础，认为个人的行为是在外在环境刺激和特殊条件下形成的，强调外在环境条件的影响，强调可观察的行为，人的具体行为是可描述的、可量化的，反对抽象的心理学概念，认为必须把抽象概念具体化、可观察化和可操作化，经过治疗后是否恢复正常，鉴定标准也是可观察、可验证的。撇开人的内在心理机制分析，直接从偏差行为入手，直接以行为偏差的症状作为治疗对象。它主要是一种治疗方法，这种方法以削弱不适应行为、增加适应行为为主要目的。但如何判断一个人、一个群体具有社会偏差行为，社会工作者如何干预这种行为偏差者，干预到什么程度则对社会工作者来说是一个极大考验。干预不足可能导致失败，干预过度也违背助人自助的职业伦理，具有操纵案主的倾向，导致好心办坏事的结果。

（五）任务中心模式

该模式由芝加哥大学创立，用于解决个人或家庭的心理问题，工作人员和案主主要围绕解决的问题达成协议，通过将焦点集中在问题解决过程，从而把社会个案工作的理论和实务统一起来。这个学派认为社会个案工作应该是一种目标集中的活动，在社会工作过程中要注意效率和效果，既要考虑帮助服务对象，又要考虑节省时间和金钱。任务中心模式聚焦的8类问题主要有：人际冲突、不满意的社会关系、正式组织中的职业问题、角色困难、社会转型问题、情绪问题、资源不足问题和行为偏差问题。

（六）通才实务工作模式

"通才实务派"在综合上述各流派尤其是任务中心派和问题解决派的思路的基础上，在社会实践和服务过程中，将心理咨询、家庭和解、社区融入社会融于一体，社工在具体实践中又身兼数职，集社会政策实施、项目化的社工商行政管理、个案方法、小组方法和社区方法于一身。因而社会工作在中国本土化过程中又被称为"全科"社工，甚至

17

有人夸张地自比"全能社工"。

"通才实务派"既需要面对不断发展的基础理论，用基础理论分析个案的多维度需求，又需要结合具体的社会环境，更需要掌握沟通、交流和对话技巧。某种程度上"通才实务派"要求社工是多面手。但也有人批评通才实务派自负过头，不是天才就是蠢材，因为无所不知和一无所知之间的区别就是天才和蠢材的区别。但面对复杂的世界变化的问题，用封闭的、固定的一成不变的知识解决不了未来的不确定性风险问题。因而从人的生命周期来看，"活到老、学到老"就具有了现代意义，从这个视角看，社工的角色应该被定义为"学习型""实干型"及开放社会中的"纠错型"社工。

二、小组社会工作

慈善组织会社就是小组工作的雏形，发展为后来的社会工作协会，进而衍生出各种各样的社会工作机构。

美国之所以能发展出小组方法，和其独特的结社精神分不开，小组方法、团体方法是这类结社精神和传统文化演变的产物。小组方法在20世纪30年代开始形成和发展，1930年出版的《群体的社会过程》一书，奠定了小组工作的理论基础，1935年美国小组工作研究会成立，1939年社会群体工作成为一个独立的小组。此外，20世纪30年代匿名酗酒者协会成立，社会工作者和协会会员一起帮助酗酒者重新获得新生活。在工作过程中采用了大量小组工作技巧，如倾听、同理心、观察等。1946年，在全美社会工作者大会上，小组工作被确立为正式的社会工作方法，小组社会工作开始走上专业化道路。

首先，美国人的结社传统由来已久，结社精神、结社科学、结社艺术是传统文化发展的结果。单独靠一个人做不成事情，需要大家集体合作。英国的慈善组织会社和美国人的慈善组织会社之间有一种天然的传承关系，这种天然的传承关系基于两国相同的基督教文化和不同的习俗、不同的法律。如果说英国人更崇尚贵族精神、精英主义，那美国人则更强调民主精神和平民主义。托克维尔评论两国的文化差异时说："社团在建立时，在英国由当地权贵带头，在美国你会看到普通人组织社团；英国人往往单枪匹马做一番大事业，美国人干一点小事也要成立一个社团；英国人认为结社是强大的行动手段，美国人则把结社看作是采取行动的唯一手段。"① 社会工作的小组模式是传统文化和现代政策等多因素相互作用、演绎的结果。② 其次，当时工业化过程中，男子酗酒现象越演越烈，成为家庭不稳定和婚姻解体的一个重要原因，美国也为此颁布禁酒令，但效果仍然不好。因为禁酒令让美国财政收入大减，罗斯福竞选总统时就以取消禁酒令为目标，此后宪法修正案宣布禁令取消。宪法修正案取消只是在联邦层面不再实行全国性的禁酒令，而由各州根据情况实行不同的禁酒法案，由社会团体和社工组织具体实施。再次，美国社会工作专业小组有相同的目标：实现小组成员及家庭成员共同决定的目标；帮助经历了个人、家庭、职业和适应问题的个人，获得预期的改变；促进个人能力的提高和生活的充实；将治疗、自我提高和个人自我实现有机结合起来。最后，小组工作模式有三种：社会目标模式、矫正模式和互惠模式。社会目标模式适合于解决社区发展的有关社会问题；矫正模式适合于带有一定治疗性的临床治疗；互惠模式适用于个人和社区。但有时这三种模式在具体实践中也会相互渗透、相互影响，没有绝对的界限。

---

① 托克维尔. 论美国的民主［M］. 董果良，译. 北京：商务印书馆. 2002：636.
② 理查德·戴维斯. 极端经济：韧性、复苏与未来［M］. 北京：中信出版集团股份有限公司，2020：15.

（一）社会目标模式

理论基础来源于系统论和社会学理论，强调社会系统和人、群体之间是相互作用、相互影响；个人和群体出现功能失调或其他问题，和社会系统的功能不正常有关，而人和群体的行为又会影响社会系统的正常运作，因此个人的问题必须通过社会变迁来解决。

社会目标模式以关注社会整合和个人参与的社会责任感为重点，通过人的能力提高影响和改变社会。这种模式的特点是提高小组成员的民主意识和参与社会变迁的责任心，增强他们的自尊心，并提高其适应社会生活的能力。但关于社会目标模式也存在很大争议，尤其对社会变迁的目标理解也各不相同，比如保守主义者强调小政府、大社会，以个人本位看待福利制度，认为贫困的根源在于福利制度本身，认为福利制度是养懒汉的坏制度，导致了个人责任、家庭责任缺失，因此应该摒弃高福利制度，采用"选择性"福利制度；而自由派则认为贫困群体之所以贫困是个人责任的缺失，不是个人道德缺陷，社会福利的不完善，导致贫困家庭、贫困群体增加，社会流动性减少。解决的根本是完善社会福利制度。

（二）矫正治疗模式

治疗模式小组采取治疗个人问题或矫正个人问题行为或态度的方式，以行为修正理论和社会化理论为基础，小组是进行治疗的媒介，社会工作人员运用专业知识和技巧，在促进小组成员的沟通和互动过程中，增进自我意识，实现行为转变。小组关注的是个人的心理和行为问题的矫正而不是社会问题，它介入的重点是为个人提供一个小组的治疗环境，为个人提供心理康复和行为指导，帮助小组成员达到适应社会生活的最佳状态。

（三）互动互惠模式

互动互惠模式的基础是系统论和场域论，认为个人、集体、家庭、社会是一个系统。它关注系统小组成员和整体系统的关系，要通过个人、小组和社会系统之间的开放和相互影响，增强个人的社会化功能。小组或团队是一个工具，被看作一个互相依赖、互相支持的系统，小组成员依靠其他成员为自己解决问题，挖掘自己的潜能和建立信心。

三、社区社会工作

社区自治传统在美国由来已久，美国的社区工作源于睦邻社区运动，美国社区专业工作方法的正式形成和确立相对要晚一些。1909 年，美国首批社区福利委员会成立于皮茨堡和密尔沃基，1939 年召开的美国社工会议，提出并讨论了有关社区组织的方法，1944 年在社会工作会议上，成立了社区组织研究协会，直到 1950 年召开的美国社会工作会议，社区组织才正式被列为社会工作专业的机构。社区工作的理论假设如下：

社区居民有能力处理好自己的问题，人们有改变的愿望和改变的能力。人们应当参与社区的重大改变之中，并对这些改变进行调控。由自身促成的社区生活的改变具有特殊意义和持久性，但内部的改变需要借助外部资源和外部人力。这些外部资源的引入需要政府支持、社工介入。正确的方法可以调动居民参与社区治理的积极性、主动性、参与性。正确的方法不是大包大揽，不是包办一切，而是通过社会政策支持、社区社工的引导，激发居民的潜力、能力和学习动力。人们应该学习合作行动的技巧，在外界的影响下，通过社区居民的自我努力和奋斗，实现自我管理、自我发展、自我满足。

（一）基础理论

1. 社会分析和意识形态理论

社区工作相关的意识形态有保守主义、多元主义、马克思主义、社会民主主义、激进民主主义；社区分析的理论主要有社会学和政治学、心理学。这些理论大体上可以分为自由派的马克思主义、社会民主主义、女权主义、同性革命、种族主义，强调人的权利、自由、平等，强调社会的责任、政府的责任；有保守主义、新保守主义，强调家庭责任、个人责任、有责任的自由，自由竞争的市场和传统家庭价值观的结合；还有多元主义、社群主义等，强调社区的融合、社群的团结。

2. 社会变迁理论

社会结构、社会制度及人们行为模式发生的变化，如渐进变迁和剧烈变迁、社会进步和倒退；功能学派强调均衡，冲突学派强调非均衡。

3. 社会运动理论

经济社会学的理性选择理论是比较有说服力的理论，又被称作集体行动理论，该理论模型分析了哪种情况下众人拾柴火焰高，哪种情况下三个和尚没水喝。既有经济理性的因素分析，又有意识形态、宗教信仰、心理情感等非理性因素及超理性因素考虑。具体到美国社会的社会行动，既有新保守主义捍卫传统家庭价值观的"保卫家庭"行动，又有捍卫个人价值观的"自由主义"行动。

（二）实务理论模式

美国学者詹姆斯·罗斯曼（James E. Rothman）依据美国的社工发展经验和现实，总结出社区工作的三大模式：地区发展模式、社会计划模式、社会行动模式。

1. 地区发展模式

这一模式鼓励居民通过自助及互助解决社区问题，提高居民的民主参与意识，挖掘培养地方人才。这一模式是美国传统文化中的自治理念和结社精神共同作用的结果，强调美国民主主义的平民精神和参与合作精神。但有时这种平民主义精神在现实生活中有无法解决的价值观分歧，如针对弃儿的跨种族收养正演变为美国社会冲突的焦点。自 20 世纪 60 年代以来，美国白人家庭收养印第安原住民和黑人孩子逐渐普遍化，一些学者认为族群融合是社会进步的表现；但一些学者甚至民众认为美国白人家庭收养印第安原住民弃儿是种族灭绝，是种族同化。全美黑人社会工作者协会则在 1972 年表达了反对出于任何原因将黑人孩子安置到白人家庭的强烈立场，该组织认为跨种族收养构成某种形式的文化灭绝，在一个种族主义盛行的社会，只有黑人家庭才能对黑人孩子感同身受。正如美国学者维拉佩里认为："支持跨种族收养的人，不考虑肤色差别是开明个人主义者；而反对跨种族收养的人强调'肤色和社区意识'，两者反映了对美国种族主义的不同态度。"① 时至今日，种族问题、宗教问题已经成为美国宪法、民主和自由的重大社会矛盾问题。

2. 社会计划模式

依靠专家建议的精英管理模式，通过专家调研、论证、计划，落实推行，解决社区内存在的问题，这是自上而下的解决模式。这一模式和地区发展模式最大的区别是强调专家治国的精英主义，如果说"地区发展模式"强调白人至上，有种族主义、大众民主之嫌，那么社会计划模式则有多元主义和精英主义相结合的特色，这是因为美国本身是多

---

① 乔安娜·L. 格罗斯曼，劳伦斯·M. 弗里德曼. 围城之内 [M]. 朱元庆，译. 北京：北京大学出版社，2018：311.

种族、多移民、多文化结合的国家。

3. 社会行动模式

针对社会不公平、不平等现象，社会工作者动员组织社区居民，采取集体行动，通过大众传播呼吁社会各界和政府的关注和同情，以解决贫困问题。美国社会在 20 世纪 50 年代通过黑人民权运动、女权运动、反贫困运动等社会行动推动福利国家制度化取得了巨大社会成就，同时也导致了一些新的社会矛盾和冲突。但美国社会甚至两党对社会公平、福利制度的理解不同，认知不同，甚至对家庭婚姻、堕胎、税收等一系列社会问题看法相反。保守派认为"公平正义"的社会福利制度削弱了美国传统的勤俭节约美德、努力工作的职业精神、自我奋斗的自立自强精神；认为高福利制度赖以延续的财产税、遗产税、企业所得税、各类福利补贴是对个人财产权利的合法剥夺。自由派认为贫困问题的根源在于社会福利缺少，不在于个人自身道德缺陷，只有消除造成贫困的社会根源才能消除社会不平等、不公平。

四、美国政府购买服务

从美国开始的新政府革命，政府购买服务体现了政策、市场、社会组织三方合作治理新思路。美国的政府购买服务和英国不同，英国的方法是国家（严格地说是议会）制定一些关于外包的总体性政策。美国的法律政策制度较之英国有很大的传承性，社会组织带有从英国独立出来的 13 个州发展出的新兴国家特征。美国的社会组织包括大学、研究所、图书馆、博物馆等都是民间组织的性质。资金完全来自私人捐款。以教育为例，在 20 世纪初，美国的私人基金会捐款超过整个国家教育拨款的一半。民间社会组织在美国社会生活中的重要性甚至比政府拨款的大学、医院还重要。在长期的政策实践中，美国政府通过税收减免、财政支持、市场化外包等多种形式鼓励社会组织的发展。

（一）政策指导

政府的支持方法：直接补贴、合同外包、服务费、课税扣除、纳税减免合同及相关规则。20 世纪 60 年代，随着美国伟大社会工程、向贫困开战，公共资助逐步增加，各级政府开支也逐步加大，但各级政府提供的补贴和合同一直缺乏有效的监管和指导。为确保政府体制更加有效地运行，确保社会组织机构能够接受政府的资助和监管，各级政府对于外包政府购买服务的监管越来越严格，指导也更加细致，甚至直接规定外包的受益人。具体模式如下：

1. 财政补贴模式以补贴形式给社会组织，以竞争招投标方式实施。政府直接将费用给社会组织，如医院，病人看病的医疗费用由社会组织医院支出，政府再拨款给医院。社会组织向残疾人、老人、穷人提供住房，这些残疾人、老人、穷人向社会组织缴纳房租。政府在很多项目中进行选择，不直接资助社会组织，让消费者选择服务提供者，建立起市场化的外包机制。

2. 税收减免模式，以儿童育儿税收抵免为例，儿童保育的使用者可以用联邦收入税抵免在儿童保育上的支出。这种抵免以一对一的美元等额减税形式提供给低收入者和最需要的人群。

美国政府政策具有一定的变化性和原则性。政府财政支持、民间基金会的捐款及税收减免受美国经济影响较大，受两党竞争的政策变化影响也较大。

3. 政府养老模式，实行个人责任、政府托底、职业年金的三重机制，政府通过税收减免、基础养老金、职业年金、个人养老保险等模式，为个人养老提供个性化、社会化、职业化的养老保险模式。这是一种个人、家庭、政府、社会分担的养老模式。

（二）政府责任从管理型责任向绩效服务型转变

20 世纪 90 年代，受福利瘦身、税收减免的小政府、责任政府影响，政府"只掌舵不划桨"的理念逐步盛行，新公共管理理念和实践开始发力。美国政府职能也开始从管理型政府向服务型政府、绩效型政府转变。绩效型外包的地位加强了，联邦政府立法和一些州立法均加强。联邦政府只提供指导性文件，各州政府分别实施。绩效外包到 2005 年应用到 50%。① 各州有很多自由决策权。美国学者艾丽莎·文森将绩效外包分为两大类：一是结果导向型外包，将费用支付和完成结果挂钩，俄克拉荷马州、北卡罗来纳州和伊利诺伊州采取这种绩效外包模式。二是绩效型外包，根据预算要求实行外包。在具体实践中，各州有各州的独特性，各州有各州的选择。

（三）政府资助占社会组织总收入的比例

根据约翰·霍布金斯大学的一个项目统计数据，在所有研究的年份中，美国的社会组织收入有 57% 来自服务收费、31% 来自政府、13% 来自个人捐款。服务收费中包括政府在医疗保险和医疗补助等项目或学校教育等项目支付的款项。基本上政府的财政支持费用仅占 1/3 多一点。社会化的个人捐款比例占 13%②，最主要还是靠市场化模式运转。社会组织鼓励个人奋斗、自我负责，这是由美国的历史文化决定的。有学者认为美国的立国精神有两种：一种是公益捐赠，另一种是自我奋斗。但

---

① 王浦劬，莱斯特·M. 萨拉蒙，等. 政府向社会组织购买公共服务研究：中国与全球经验分析［M］. 北京：北京大学出版社，2010：289.

② 王浦劬，莱斯特·M. 萨拉蒙，等. 政府向社会组织购买公共服务研究：中国与全球经验分析［M］. 北京：北京大学出版社，2010：291.

从发展趋势看，个人奋斗的市场化机制占主流，公益捐赠、政府购买属于再分配领域。

（四）社会组织提供的服务领域

一些研究者将美国社会组织提供的服务类型分为 10 类，服务类型也大致体现了社会组织包括社工机构在内的服务领域。从儿童到老人、从卫生保健到教育平权，从吸毒、酗酒等社会矫正到残疾人群体的社会帮扶。

（五）政府监督和评估

绩效型外包是结果导向型管理，政府将重点放在最终效果和花费上，根据效果决定支出，并评价效果，不仅重视服务提供的数量，更关注服务质量，且非常重视项目评估的公民满意程度。

美国政府购买服务的经济和财政影响，据一些学者的研究，1960年到 1995 年，美国在社会福利领域的政府开支翻了 2 倍多，支出重点是医疗服务。对大部分传统社会服务领域的社会组织支持，政府开支增长了 513%，社会组织和社会服务领域是最大的受益者。而莱斯特·M.萨拉蒙（Lester M. Salamon）的研究指出，社会服务领域在经济方面整体处于适度规模。在慈善捐赠和政府支出中所占的比例很少。另外一些城市研究者指出，公共事业组织占用了 38% 的流通慈善捐款，占用支出的比例不足 14%，占资产比例的 12%，2004 年美国国税局注册的慈善组织多达 110 万个。①

---

① 王浦劬，莱斯特·M.萨拉蒙，等．政府向社会组织购买公共服务研究：中国与全球经验分析［M］．北京：北京大学出版社，2010：294.

俄克拉荷马州的案例

俄克拉荷马州康复服务部门的社区康复服务中心于 1992 年开始采用绩效外包制度，这个州的支付方法是，每当项目进行到一定的时间节点，预计的服务结果完成或者超额完成就付款。承包人向委托人提出标价，预算每个顾客的平均花费。根据承包供应商的方案，委托者提出要求：决定消费者的需求占标价的 10%；职业准备规划占标价的 10%；工作安排占 10%，4 周的工作保存期占 20%；工作稳定期占标价的 20%；消费者适应期稳定期再加 90 天，占标价的 30%。上述 6 项指标，每一项完成后，承包商都可以获得相应比例的报酬。承包商达到单项服务的一个时间节点，就给康复服务部门寄账单。如果服务商提供顾客难度较大，就会得到较高报酬，这样可以减少服务者的不满。在评估阶段，顾客及其家庭可以设定服务目标。工作稳定期满后，顾客和雇主双方都满意，服务商才可以获得余下的款项。据政府评估结果，1992 年到 1997 年这 5 年间，政府支出下降了 51%，客户等待时间缩短了 53%，等待时间从 8.14 个月减少到 3.85 个月，评估时间下降了 18%，从 12 周减少到 10 周，失业率下降了 25%。①

俄克拉荷马州的案例在美国具有一定的代表性，政府购买社会组织的服务无疑取得了一定成效，但这种局部的成效是否具有全局性价值，仍然值得反思；碎片化的改良能否根治整体性福利政策的困境还需要进一步研究。

----

① 王浦劬，莱斯特·M. 萨拉蒙，等. 政府向社会组织购买公共服务研究：中国与全球经验分析 [M]. 北京：北京大学出版社，2010：295.

第三节　美式社会工作的困境

美式社会工作和美国福利政策、慈善基金会、金融制度已经融为一体，形成一种共生共荣的相互依赖关系，然而福利危机、金融危机和家庭社会危机、阶层固化、社会流动性减弱使得美式福利陷入一种制度性困境。这种困境和婚姻家庭危机、贫富差距导致的阶层固化和金融危机形成一种互动效应。如果美国金融危机不能从根本上解决，作为福利政策一部分的社会工作将面临"皮之不存，毛将焉附"的困境。

一、婚姻家庭危机

婚姻家庭危机的表现之一是极端个人主义破坏了传统家庭的基本社会规范。表现之一是离婚率高位运行。离婚率高位运行，家庭概念、家庭结构受到市场经济冲击的原因是过于世俗化，去传统化、去宗教化。曾经英国工业化时期的稳定的家庭结构、较低的离婚率、家庭的绅士文化、较好的夫妻关系、温和的亲子关系、和睦的邻里关系、睦邻运动等构成了稳定的社会基础。但如今个人主义超越了家庭和社会，极端个人主义、极端世俗化、金钱化等导致社会的衰落。

（一）极端个人主义带来了新的性解放等家庭革命

性解放、极端女权主义出现在 20 世纪 60 年代，破坏了传统的家庭价值观。挑战了传统美国的文化价值观、新保守主义家庭价值观。传统的美国家庭观念是男女组成家庭，通过婚姻契约组成合法家庭，但该主义认为家庭是个人自由选择的结果，不是生物学意义上的结晶，而是个人意愿的结果。

（二）离婚率和经济现代化、市场经济转型呈正相关

美国从 19 世纪末工业化、现代化以来，离婚率经历了 3 次高峰。每次离婚率高峰都伴随着经济现代化、经济快速增长。美国在 20 世纪成为现代化的领先者，世俗化、工业化、城市化水平急剧提高。随着现代自由、民主观念的增强，女性角色的变化，离婚率的上升速度超过了人口增长速度，1867 年到 1929 年，美国人口增加了 3 倍，但离婚率增加了 20 倍，1929 年全美有 201468 人离婚，有一位作家描述道，每 2 分钟有 1 人离婚。

20 世纪 60 年代到 90 年代，美国离婚率、非婚生子率再次大幅上升，社会层面的转型使自我个人主义文化的表现更强。在这 30 年里，发达国家出生率下降，离婚率、堕胎率、非婚生子率普遍上升，这样的结果导致了几乎所有发达国家人口出生率低于人口更替率的不平衡状况。虽然出生率低，但婚外出生率大幅增长，欧洲增长了 250%，美国增长了 300%；转变的个体主义价值观预设可以不担心生存，人们日趋强调自我表现，家庭只是可供选择的生活方式，职业上的自我实现是首选目标，而不是养儿育女，对单亲家庭相对宽容，单亲妈妈的经济能力不再令人担忧。

数据表明，美国最近 20 年离婚率持续下降。年轻人不爱离婚，老年人忙着离婚的现象越来越引起社会的关注。2008 年到 2016 年，离婚率（离婚人数在总人口中的比例）从 21‰降到了 18‰。① 与有些国家年轻人离婚率升高相比，美国正好相反：年轻人离婚率低，反倒是中老

---

① 杨瑛.美国年轻一代的离婚率为何不升反降［EB/OL］.上观新闻，2018-10-10.

年人成为离婚的主力军：1980年，45岁以上的夫妻，离结率不到10%；但到了2016年，这个数字已经超过了26%；每4对美国老夫老妻，就有一对走不下去。就在美国中老年人忙着点播《单身情歌》的同时，美国"80后""90后"年轻人仍然高唱着《我要我们在一起》。① 美国的离婚率似乎正在走向一条先高后低的曲线。离婚导致贫困还是贫困导致离婚，或者是贫困和婚姻破裂互为因果。美国的离婚率在1870年到1900年翻了三番，达到4‰。到20世纪80年代，1000个家庭中有23对"劳燕分飞"，最高时达到23‰，到21世纪，离婚率又快速下降，达到4‰，再次回到了100年前的原点。因此有学者认为美国人半数婚姻走向解体，但大多数美国人会再婚，初婚到再婚的时间间隔为3年到5年，总体再婚率达到2/3到3/4。基于性别工作模式越来越朝着有利于女性的方向发展，大量新增劳动力都是女性，到2009年，女性在美国就业市场上的人数历史上首次超越男性；但同时，女性成为全职工作"理想"的意愿在下降，从32%跌至21%，许多职业女性反而不愿意工作。近年来，居家父亲的数量有所上升，但总数不大，据统计，2007年，全美2300万子女年龄在15岁以下的已婚家庭，560万个家庭是女性居家，16.5万个是男性居家。② 离婚率最高的是贫困群体、弱势群体。

（三）老年家庭、单亲家庭贫困和贫困家庭互为因果

美国离婚率最大的受害者是单亲家庭的儿童，儿童的贫困化和单亲的代际传递特征越发明显。婚外生育、非婚生育现象越来越严重。现在

---

① 杨瑛．美国年轻一代的离婚率为何不升反降［EB/OL］．上观新闻，2018-10-10.

② 乔安娜·L. 格罗斯曼，劳伦斯·M. 弗里德曼．围城之内［M］．朱元庆，译．北京：北京大学出版社，2018：203.

老年人的预期寿命比之前长得多。社会化养老人手不足，家庭养老危机出现。社会保障可以让老年人生活无忧，也可以加重老年养老的负担。

原来家庭养老曾经是美国的主要养老模式，很多州都规定子女有养老的责任和义务，后来由于福利政策的完善导致美国个性化和社会化养老模式的兴起。20世纪随着经济的发展，社会保障覆盖范围的扩大，国家对老年人的照顾已经由家庭转移到政府和社会。老年人的社会保障由如下部分构成：社会保障、医疗保障、医疗救助和1961年的食品券制度，还有对老年人的住房补贴等制度体系。这极大减轻了子女的经济负担，目前还有少数州立法规定，子女有赡养父母的责任，如南科他州和宾夕法尼亚州，尽管美国社会保障体系非常发达，老年人长寿无忧，但社会化养老还是有解决不了的困境，年老多病的老人会给步入中年的子女造成沉重负担。90岁以上的美国老人有50%患有阿尔茨海默病，照顾这些老人无论对家庭、子女还是社会都是一个巨大的挑战。①

美式养老虐待案

1989年，得克萨斯州的雷埃德温被控对94岁母亲构成刑事懈怠。雷埃德温及妻儿和老母亲居住在一幢小屋内，小孙女想探望奶奶，他们不允许。待到成年人保护服务机构的工作人员赶到现场后，发现老人居住的房间臭味熏天，可怜的老人躺在床上痛苦不堪地呻吟着，整个身体长满褥疮。工作人员将老人带离其住所，几天后老人去世。法院判决，雷埃德温构成犯罪②；得克萨斯州法律规定，任何人通过作为或不作为、故意、粗心大意等构成刑事懈怠的方式，造成年满65岁的老人严

① 乔安娜·L.格罗斯曼，劳伦斯·M.弗里德曼.围城之内［M］.朱元庆，译.北京：北京大学出版社，2018：258.
② 乔安娜·L.格罗斯曼，劳伦斯·M.弗里德曼.围城之内［M］.朱元庆，译.北京：北京大学出版社，2018：257-258.

重身体伤害的，构成犯罪。但在此案中，因证据不充分，且审判人员对具体量刑存在不同意见，最后此事竟不了了之。

据美国反老年虐待中心援引全国调查委员会的一项研究，2005 年全美有 100 万到 200 万老人受到保护人的伤害、盘剥或不公平对待，只有极少数受虐待案例引起有关部门关注，更多的受虐待案例没有被曝光，至于经济剥削报道出来的比例不到 1/25。报道出来的只是冰山一角。

面对家庭化的养老和社会化的养老困境，法律只能解决部分问题，法律代替不了亲情，金钱买不来和睦。老年人最好的保障依然是一个充满爱意、关怀和无私的家庭。

二、社会分化、阶层固化陷阱

美国社会是否会陷入贫富两极分化的金字塔结构，是否会重演中世纪类似封建的社会结构？贫民子弟是否能通过自我奋斗实现向上流动，通过教育是否能改变自己的贫困命运？社会学家帕特南通过调查发现，20 世纪 50 年代到 20 世纪末的半个世纪，大约有 2/3 的美国民众都认为，任何人只要努力，就可以成功，这是美国梦的一种事实；但到 21世纪，民调数据显示，人们开始怀疑下一代人还有机会成功、向高处走，怀疑努力工作能得到回报①。原来机会平等、努力改变命运的美国梦开始遭到人们的质疑。美国梦已经同人们渐行渐远了。

（一）收入差距从平等走向不平等

社会阶层分化表现从收入不平等向收入平等再向不平等的两极化趋

---

① 罗伯特·帕特南.我们的孩子［M］.田雷，宋昕，译.北京：中国政法大学出版社，2017：3.

势发展。在 20 世纪几乎是走向一条钟形曲线，21 世纪几乎又走向 V 形曲线。

其一，收入趋向平等阶段。美国社会从 1910 年到 1970 年，收入分配趋向平等，经济金字塔被削减为平地。贫困率整体下滑，社会成员的收入整体上升，不平等现象逐渐回落。当时穷人的收入增长率比富人高一些，当时收入处于前 1/5 的富豪们，年收入增长率为 2.5%；收入处于最后 1/5 的穷人，收入增速年均 3%。正如社会学家道格拉斯·马瑟总结："从 1945 年到 1975 年，贫困率稳步下滑，社会成员的收入整体持续上升，不平等逐渐回落，这就像一场经济大潮到来，所有船只都因此水涨船高。"[①]

但此后尤其是 21 世纪，社会分化加剧，阶层固化加剧。自 2009 年美国房地产泡沫及金融危机破裂后，贫富差距进一步拉大。

其二，收入趋向不平等阶段。自 20 世纪 70 年代以来，持续数十年的平等化趋势开始逆转，金字塔结构最底层的穷人和上层阶级开始拉开差距，下层及中产阶级开始分化，最上层的顶端更上一层楼。从 1967 年到 2011 年，种族内的不平等也两极分化。具体表现为同一种族内有钱人更有钱，而穷人则每况愈下。

其三，脆弱的中产阶层。富豪所拥有的财富占全国财富的比例越来越高，中产阶层有渐渐萎缩的趋势，这是美国经济结构金融化的结果，原来钢铁制造业、汽车制造业、建筑业的产业大军，是中产阶层的主力，随着美国经济的金融化，产业大军失业沦落为贫困阶层。而据一些学者研究，美国最富有的 10% 的群体在金融危机发生的 20 世纪 20 年代末到 1932 年，占有的财富从 40% 上升到 45%，危机使得美国最富有的

---

① 罗伯特·帕特南. 我们的孩子 [M]. 田雷，宋昕，译. 北京：中国政法大学出版社，2017：3.

阶层更富，而后下降到 1945 年的 33%。这表明在 20 世纪上半叶，美国中产阶层在扩张。从 1972 年到 2005 年，美国最富有的群体又从 33% 上升到 47%。其中比较突出的现象是美国最富有的金融家阶层 1% 的家庭占有的资产从 1970 年的 9% 上升到 2007 年的 23.5%。[①]

多年来，金融市场的增长速度一直高于全球国内生产总值（GDP）的增长。随之而来的是，全球各个地区的金融深度不断加大，即各国金融资产相对于其 GDP 的比率在不断提高。自 1990 年到 2010 年，金融资产超过 GDP 的国家从 33 个增加到 72 个。在发达经济体，可以说发达国家经济体金融资产的价值高达国内生产总值的 3 倍，而金融资产的价值则是其国内生产总值 4 倍的有美国、日本、荷兰、新加坡。其中美国金融资产（这里的金融资产包括股票、公司债券、政府债券、银行存款四大部分）的价值是国民生产总值的 4.5 倍。[②] 在这个层面上可以说美国是金融国家、金融社会。

（二）阶层分化加剧，社会流动减弱

美国新时代的阶层分化表现为种族分化和阶层分化并行，且阶层分化更严重。这些新的社会分层呈现如下特点。

其一，种族差别被阶级差别掩盖。种族内部分化严重，有钱的白人、黑人和拉美人更有钱，而同族的穷人更穷。自 1919 年到 2005 年，处在金字塔底端 1/5 的最底层美国家庭，平均税后收入年增加 900 美元。中间阶层的 1/5 家庭，年收入增加 8700 美元，最顶端 1/5 的超级

① 卡瑞恩·克诺尔·塞蒂娜，亚历克斯·普瑞达. 牛津金融社会学手册［M］. 艾云，罗龙秋，向静林，译. 北京：社会科学文献出版社，2019：23.
② 卡瑞恩·克诺尔·塞蒂娜，亚历克斯·普瑞达. 牛津金融社会学手册［M］. 艾云，罗龙秋，向静林，译. 北京：社会科学文献出版社，2019：22.

富豪年收入增加 745000 美元,① 美国社会出现了贫富分化的马太效应。

在美国近几年有"寒门再难出贵子"的说法。拉丁裔移民中很多人面临难以想象的贫穷,但白人的工人阶级状况比他们还要悲惨。美国黑人物质生活前景仍然落后于白人。同为白人,美国苏格兰爱尔兰后裔万斯是为数不多的从寒门中跳出的贵子。万斯通过自己的努力从贫困的白人家庭完成了耶鲁大学法学院的学业进而成为律师的逆袭。多数生活在铁锈地带(Rust Belt)的白人生活在代代相传的家庭。万斯在其自传《乡下人的悲歌》中提到过,对于那些大多数没有大学文凭的数百万白人工人阶级当中的一员,贫穷是家庭的传统,他们的祖先当年在南方当过奴工,当过佃农、煤矿工人,在较近的年代里,在机械厂做过工人,在美国人的称呼中他们是"乡下人""乡巴佬""白色垃圾",苏格兰爱尔兰后裔最早 18 世纪移民到美国的阿巴拉契亚山脉,几个世纪一直没变。这些群体是美国最为持久、变化最少的亚文化群体,他们的家庭结构、宗教政治、社会生活依然不变。②

其二,教育水平越高,收入水平越高。教育平等是机会平等的代名词,一些经济学家的调查表明,教育水平越高,收入水平越高。大学本科是分水岭。自1980 年到2012 年,以全职男性为调查对象。以每小时工资计算,平均收入增加幅度在 20%~56%,其中增幅最大的是研究生学历人群,高中毕业的男性收入下降了11%,高中没毕业的下降了22%。而在 2009 年到 2012 年金融危机期间,美国 1%的最富群体,其收入增加了31%,而99%的美国家庭收入几乎没有改变,增加

① 罗伯特·帕特南.我们的孩子 [M].田雷,宋昕,译.北京:中国政法大学出版社,2017:40.
② J.D.万斯.乡下人的悲歌 [M].刘晓同,庄逸抒,译.南京:江苏凤凰文艺出版社,2017:4.

也不过 0.5%。① 美国在 40 年中，收入不平等加剧，超级富豪和整个社会的鸿沟正在拉大。

其三，家庭财富的代际传递特征越来越明显。父母受过高等教育的美国家庭即便是大衰退，家庭净资产在 1989 年到 2013 年间还是增加了 47%，而高中毕业的家庭，家庭资产净值缩水 17%。② 有钱人的家庭可以为孩子提供读大学的巨额费用，穷人家庭的孩子则需要背负沉重的学生贷款。穷人家庭的孩子仍然是穷人，富人家庭的孩子仍然是富人。富二代、穷二代这种中世纪的代际世袭似乎在 21 世纪的美国回潮。在罗伯特·帕特南的《我们的孩子》一书中，故事《富二代安德鲁》的主人公安德鲁属于典型的富二代，而凯拉属于典型的穷二代。安德鲁住富人区，上好高中峰顶中学（毕业率为 85%），现在读大学；凯拉毕业于马歇尔高中（马歇尔中学），属于差学校，退学率达 50%，目前早婚和父母住在一起，没有固定工作。凯拉现在就读社区大学。③

无论是衰败的社区还是新兴的社区，费城和本德镇是美国社区的两个缩影，衰败社区中也有富人区，新兴社区中也有穷人区。过去的美国梦，社区融合，融合了每一个美国人的梦想，当今社区隔离又回到了原点。

（三）邻里社区隔离：天堂和地狱

在当下的美国，邻里社区已经出现了越来越严重的阶级隔离。同一

---

① 罗伯特·帕特南. 我们的孩子 [M]. 田雷，宋昕，译. 北京：中国政法大学出版社，2017：40.
② 罗伯特·帕特南. 我们的孩子 [M]. 田雷，宋昕，译. 北京：中国政法大学出版社，2017：40.
③ 罗伯特·帕特南. 我们的孩子 [M]. 田雷，宋昕，译. 北京：中国政法大学出版社，2017：54.

城市社区，一边是富人的天堂，另一边是穷人的地狱。从 1970 年到 2010 年的 40 年间，阶级隔离通过居住社区表现得更加突出、更加森严。不同的家庭，按照经济收入的不等居住在互不往来的邻里社区。高速公路的发展使得高收入家庭搬离低收入邻居，到城郊开阔的生活空间、停车场和购物中心。基于收入的阶层分裂导致居住的社区分离。种族分裂被阶级分裂取代。这种阶级越来越多的家庭住在清一色的富人社区和穷人社区。隔离的悲剧在美国各地城镇不断上演，正如帕特南所说，"无论穷爸爸还是富爸爸，我们的孩子只能和同样出身的孩子一起成长，富爸爸的孩子不会遇见穷爸爸的孩子。法定的种族隔离被事实上的邻里隔离、社区隔离取代"。正如帕特南的调查表明，在美国阶级分化正在取代种族矛盾，贫富差异从区域看泾渭分明，美国梦破碎，穷人向上流动的机会减少，曾经工业化时期的阶层融合被当代的阶层分化相隔离，新兴的社区贫富比邻而居。

1. 衰败的工业社区败落为穷人社区

费城郊区下梅里昂镇：富人区在 20 世纪 40 年代绿树成荫，道路两旁是私人公馆，风光如画。居民是金融界精英、高级咨询顾问、大学教师、医院医生。一步之遥的肯辛顿，居住的是工人群体。1820 年，爱尔兰、意大利、波兰等移民潮如潮水般涌来，在磨坊、船坞、皮革厂、包装厂工作，一代代这些移民家庭住在同一所社区，到同一座天主教堂礼拜，孩子们上同一学校。然而到 20 世纪 70 年代，由于全球化，工厂开始撤离，邻里开始撤退，从 1970 年到 2000 年，30 年时间流失了 25 万个工作岗位。①

---

① 罗伯特·帕特南. 我们的孩子 [M]. 田雷，宋昕，译. 北京：中国政法大学出版社，2017：217.

2. 新兴的社区贫富泾渭分明

俄勒冈州的德舒特县所在地本德镇是一个四季如画的地方，坐落在周边破落的农场之间，曾经是一个伐木业为主的小镇，20 世纪 50 年代，人口不到 11000 人，直到 20 世纪 90 年代伐木工场关门，产业开始萧条，但后来转型为旅游业、建筑业为主，从 1970 年到 2013 年又开始繁荣。人口从 30442 人增加到 165954 人；本德镇人口从 20469 人增加到 52029 人。外来人口增加后，建筑业开始欣欣向荣，金融业、理财顾问、服务业开始发力。经济繁荣惠及股票从业者、建筑业，这些从业者都属于当地富裕阶层；而伐木业从业者和体力劳动者则逐渐走下坡路。贫富差距拉大，20 世纪 90 年代人均收入增加了 54%；但生活在贫困线下的人也增加了 1 倍。高收入和低收入者的比例从 7∶1 增加到 12∶1。本德镇的人口以白人为主，占 91%，拉美后裔占 8%。穷人主要居住在东区，富人居住在西区，东区儿童贫困率达到 43%，西区儿童贫困率低于 4%。① 西区人居住在豪宅，有门卫看守，园林般的交通、小型啤酒厂、公共图书馆、艺术馆应有尽有；东区只有路边摊、当铺和停车场，穷人大多住在拖车里。目前这个地方和以前比，发生了社区隔离，穷人住穷人社区，富人住富人社区。一个外领者曾经描述：我在美国东部地区长大，记得小时候，无论是有钱人还是没钱人，大家都生活在一个社区。但在这里，富人住在富人区，中产阶级住在中产社区，还有穷人社区，这种贫富分化趋势是否会延续下去。

美国的贫富差距、阶级隔离，正如有学者比喻的那样，"美国正在拉丁美洲化"，让一位观光客想起了墨西哥的所见所闻，"许多房子被围在高墙里，墙头上有玻璃，有些房子只有矮墙，但还有门，有些房子

---

① 罗伯特·帕特南. 我们的孩子［M］. 田雷，宋昕，译. 北京：中国政法大学出版社，2017：54.

连墙都没有"①。

三、美式福利危机和金融危机叠加

美式福利危机和金融危机叠加，财政危机和国债危机互动，国债资产证券化又加剧了债务陷阱。资本证券化和福利政策的叠加效应加剧了美国制造业衰退；而财政支出赤字化，国债证券化金融化更是使得美国有可能陷入债务的金融陷阱不能自拔。

（一）资本金融化和福利政策制度化加剧制造业衰退

20 世纪 50 年代以来，经济金融化和生产全球化是美国制造业衰落的两大推动力，战后，美元作为强势货币，作为国际关键货币，和黄金挂钩，国内的高利率使得美元投资海外的速度加快。1957 年，美国经济经历了衰退，导致国内投资机会减少。美国投资欧洲和日本的机会增加。由于欧洲当时的高关税，在欧洲当地投资建厂就是理性的选择，绕过高关税把美国生产投资工厂欧洲化成为美国公司跨国公司的有效途径。而 20 世纪 70 年代的能源危机，美元经历了两次快速贬值，欧佩克试图通过调高石油价格避免损失，又进一步加剧美国资本外流。美元汇率持续走低，使得美国企业持有的国内资产不断贬值，而国际资产不断升值。石油危机导致的能源成本高企，又成为美国制造业成本增加的负担，通货膨胀、福利支出加大等持续恶化美国国内的制造业环境。这迎来了美国的滞涨，高通胀、高失业、经济低增长成为美国经济的一大顽疾。自 20 世纪 80 年代至今，美国制造业提供就业机会的能力下降。里根革命采取的货币主义政策，提高了利率，降低了通货膨胀，短期内却

---

① 罗伯特·帕特南. 我们的孩子 ［M］. 田雷，宋昕，译. 北京：中国政法大学出版社，2017：54.

增加了失业。这种高利率的货币政策，大幅增加了国内资本的负担，提高了制造业成本。加速了制造业资金外流。另外，高利率吸引了外国资本进入美国市场，增加了美元的国际需求，导致美元升值。然而美元升值又削弱了美国制造业的国际市场。

（二）美国债务国际化导致的债务陷阱加剧国际金融危机

美国可算是国际金融资本的中转站，这使得美国金融市场具有双重角色，既是全球资本投资的目的地，形成美元流动的国际循环，世界其他国家购买美元资产的比例加大，甚至大于美国国内的购买者。截至2019年，美国国债投资者的比重达到41%，比2009年的47%下降6个百分点，尽管外国投资美国国债的比例下降，但仍然占到一半。其中，日本持有美国国债2200亿美元，英国持有2200亿美元，中国持有10000亿美元。其余的为美国公众和美联储持有。美元的发行定价以美国政府的信用作担保，债务和美元挂钩。美国国债的极限在哪里？这不由得让人想起当年有学者针对英国的情况评论，要么国家财政摧毁公共信用，要么公共信用摧毁国家财政。

福利危机体现结构性危机，有人说福利制度帮助穷人过度慷慨，有人说福利制度不足。自由主义极端自由陷入虚无主义陷阱，保守主义极端保守，陷入民粹主义陷阱。社会共识难以在短期内达成。社会工作作为协调者的作用发挥空间受到压缩和挑战。

第二章　社会工作介入贫困家庭的上海案例

鉴于美国式福利国家财政陷阱、债务陷阱和婚姻家庭陷阱及社会阶层固化，社会工作本土化的理论价值和现实意义就显得更加突出，更加有实践意义。上海市社会工作本土化在社会救助政策实施进程中，在老年人社会工作实务、残疾人社会工作实务和贫困家庭的社会工作实务方面取得了初步成效。

第一节　贫困的含义

富裕和贫困一直相生相克、如影相随，尤其是现代化转型国家，贫富差距普遍较大。现代化重塑了贫困的含义，扩展了贫困的外延，不仅包括物质生活还包括伦理生活和精神信仰生活；同时现代化重塑了贫困概念的分类：绝对贫困和相对贫困。从社会工作的角度，我们把贫困家庭分为残疾人家庭、老龄化家庭和贫困家庭。

一、什么是贫困

贫困是一个世界性现象和难题，不到 5 岁就夭折的儿童，在世界范围内每年有 900 万，在撒哈拉以南非洲地区每年产妇死亡率 33%，这一比例在发达国家仅为 0.01%，全球至少有 25 个国家，尤其是撒哈拉以南非洲地区，人口平均寿命不超过 55 岁。①

（一）绝对贫困

贫困是一种经济社会现象，既有客观的定量标准，又有主观的心理认同标准。绝对贫困最早由英国牧师朗特里在 1900 年通过入户访谈的调查方式，调查了 11560 户人家，这些人有鞋匠、劳工和工人，发表了《贫困：关于城镇生活的研究》而提出的，他得出结论：拥有超过 3 个孩子的家庭必然要经历一个吃不饱的时期，这个时期可能要经历 10 年。② 他认为一定数量的货币和服务对于个人和家庭生存是必须的，缺乏这些资源的人是贫困的。随着经济全球化带来的经济增长，考虑物价、人口等综合性因素在内，国际贫困线标准也在不断调整，按照 2015 年世界银行的标准，国际贫困线的标准从每人每天 1.25 美元上调到 1.9 美元，③ 因而绝对贫困线标准也是根据实际情况在做动态调整。

① 阿比吉特·班纳吉，埃斯特·迪福洛. 贫困的本质：我们为什么摆脱不了贫穷［M］. 景芳，译. 北京：中信出版集团股份有限公司，2018：1.
② 安德鲁·玛尔. 现代英国史［M］. 李岩，译. 北京：东方出版社，2020：24.
③ 世行上调国际贫困线标准，全球减贫仍需付出巨大努力［EB/OL］. 新华网，2015-10-05.

（二）相对贫困

相对贫困是指一个人或家庭与社会平均收入水平相比，低收入者和其他社会成员收入的差距比较。

一些国家把低于平均水平 40% 的人口归为相对贫困人口。世界银行的专家则认为，收入低于平均水平 1/3 的社会成员就处于相对贫困状态。相对贫困依据两个理论观点：一是人的需要不仅是物质需要，而且包含文化伦理、精神信仰等因素；二是生活必需品的数量和质量标准是不断调整和变化的，这包含着和其他社会成员的比较，是不同社会成员的不平等差异。本书的相对贫困不仅是指物质财富方面，还包括伦理文化和精神信仰层面的含义。

二、家庭贫困的新含义

无论男女老幼、贫富贵贱都有三种需求，物质需求、伦理文化需求和精神信仰需求；人在不同年龄段有不同的需求，且各种需求强烈度不同，会随着生命周期的变化而变化。从生命周期来讲，婴儿到青年期，物质审美需求最强烈，属于"今朝有酒今朝醉"的阶段。但物质审美需求不是越多越好，存在一个边际效应递减的社会心理感受，当物质满足到一定临界点后就存在厌倦和过度饱和的感觉，获得感、满足感开始下降。中年期对伦理文化需要最强烈，需要处理好家庭中养老、抚幼的关系，家庭伦理需求、家庭观念需求最强烈，但核心家庭、夫妻家庭的矛盾也最强烈。老年时期，就到了精神信仰需要最强烈的阶段，对人生的思考，对生命的态度，对终极关怀的需要，对生命的恐惧和留恋，对生命认识能力的缺乏和无知是最痛苦的。实际上，与单纯的物质需要和享受比，物质享受最容易满足，伦理文化需求次之，精神信仰需求最不容易满足。①

（一）物质审美需求

中国式离婚背后的婚姻财产诉讼占到婚姻矛盾的 90%。从社会分层看，贫贱夫妻百事哀，有因为缺钱而离婚的，也有因为钱多而离婚的。婚前财产公证不被认可，婚后为财产争夺不可调和。如果把家庭比作一个公用地，每个理性的个体成员追求自己的经济利益，导致集体非理性。传统农业社会中的集体人、家庭人演化成市场经济条件下的精致利己主义者。金钱在成就一个家庭的时候也在摧毁一个家庭。很多人认为婚前谈财产伤感情故而回避，但离婚后谈财产分割不仅伤感情，更伤心、伤神、伤身体。婚前越是碍于脸面不谈钱，离婚后反而越是谈钱伤感情：似乎从一个极端非理性转到另一个极端非理性。

（二）伦理文化需求

"老吾老以及人之老，幼吾幼以及人之幼"是中国家庭文化的传统习俗，赡养老人、养育幼儿的传统源远流长。传统中国社会中的人是家庭人、社区人和社会人。人和人亲密无间，形成了独特的家庭文化和社会文化。君臣关系、父子关系、夫妻关系、兄弟关系、朋友关系被规范为"父子有亲、君臣有义、夫妇有别、长幼有序、朋友有信"（《孟子·滕文公上》），但在市场经济冲击下这些关系似乎都在发生变化，不但没有传统的父慈子孝，现在还出现了"啃老"的现象，很多家庭

---

① 受杜瓦尔家庭生命周期理论和理查德·豪伊边际效用学派启发，本研究认为家庭的不同生命阶段需求不同，而边际效用学派认为人的需求和满足之间有一个边际临界点，超过这个临界点就会产生边际效应递减。参见彭华民，徐愫. 人类行为和社会环境［M］. 北京：高等教育出版社，2016：58-60. 理查德·豪伊. 边际效用学派的兴起［M］. 晏智杰，译. 成都：西南财经大学出版社，2019：51.

中的子女婚后靠父母买房、靠父母办婚礼、靠父母做家务、靠父母消费。一些传统的伦理秩序在经济发展的大潮中发生了伦理秩序失衡甚至倒置的情形。

（三）精神信仰需求

夫妻结合不仅是肉体的结合、财富金钱的结合还是价值观的结合，是关于快乐和幸福、情感偏好、习惯偏好等一系列的结合，深层次的价值观冲突更是导致一些小康甚至富裕家庭的解体，快乐和幸福一直是几乎每个个体人、家庭人和社会人在追求现代性过程中的两个目标。如果说快乐是及时地行乐，它只是物质的、短暂的身体感官体验，那么幸福可以说是永久的精神文化升华。物质满足、肉体愉快、金钱富裕只能提供快乐的短暂体验，快乐和幸福的一个根本区分点就是，快乐的物欲享受都有一个饱和点，有边际效益递减的趋势，然而精神文化享受却不存在饱和点，你越是追求它，它越会引你进入更高的层次，获得过去从未有过的精神满足，永无止境。快乐的另一面是痛苦，物质痛苦相较于精神痛苦而言，物质痛苦是短暂的，比如饥渴，只要吃饭、喝水就能解决，而精神痛苦是长久的，需要长期疗伤。

三、贫困家庭的分类

在当代中国，还存在三类特殊贫困家庭，分别是残疾人家庭，老年家庭和边缘、低保、低收入家庭。

（一）残疾家庭

随着中国完成全面建成小康社会阶段性目标，中国的残疾人脱贫也取得了长足进展，中国贫困残疾人数量由 281 万人减少到 169.8 万人。

各级政府支持协助有劳动意愿和劳动能力的残疾人 58.8 万名，他们通过实用技术培训掌握了 1 门以上劳动技能；各地政府为 11.3 万个贫困残疾家庭进行了危房改造，1.3 万个贫困残疾人享受到康复扶贫贴息贷款支持。残疾人两项补贴惠及 2000 多万个残疾家庭，近 900 万名残疾人纳入政府低保，113000 多个残疾人家庭实现了无障碍改造。① 据对上海某区的不完全调查，残疾人家庭结构比较复杂，有一户一残家庭、一户两残家庭、一户多残家庭，还有三代同堂的大家庭，有的是父亲照顾儿子，有的是女儿照顾母亲，有的是夫妻双残、儿女残疾，等等。

（二）老年家庭

据第七次全国人口普查数据，截至 2020 年年底，我国 60 岁及以上老年人口为 2.64 亿人，老龄化程度达到 18.7%。联合国《世界人口展望 2019》中方案预测数据显示，中国老龄化程度将在 2025 年超过 20%，进入中度老龄化社会。而作为中国经济、金融、科技、贸易重镇的上海是全国最早进入人口老龄化且老龄化程度最深的城市之一。上海市老龄工作委员会办公室、市统计局日前发布最新数据，截至 2019 年 12 月 31 日，上海户籍 60 岁及以上老年人口 518.12 万人，占户籍总人口 35.2%。②

（三）边缘、低保、低收入家庭

我国当前已经全面建成小康社会，但我国低保、低收入家庭数量还是一个很大的基数，北京师范大学中国收入分配研究院课题组在 2019

---

① 我国残疾人数量逐年减少，更多的贫困残疾人家庭生产生活状况得到改善 [EB/OL]. 央广网，2019-05-19.

② 吴振东. 上海户籍老年人口比例超 35%，老龄化程度再加深 [EB/OL]. 中国国情网，2020-05-25.

年分层线性随机抽取了 7 万个代表性样本做调查，结果显示，中国有39.1%的人口月收入低于 1000 元，换算为人口数为 5.47 亿人；而月收入在 1000~1090 元的人口为 5250 万人，月收入在 1090 元以下的总人口为 6 亿人，占全国人口比重为 42.85%。① 而据不完全调查，低保、低收入家庭中很多是单亲家庭、隔代家庭、联合家庭、独居家庭等。上述几类家庭的绝对贫困已经基本解决，但地区之间和同一地区不同家庭之间依然存在发展不平衡的问题。即使在发达的大城市"两不愁三保障"解决得相对较好，不少家庭依然有新的需求产生，这种新的需求大体表现如下：物质需求从"吃的多"向"吃的少"转变，从"吃的饱"向"吃的好"转变；文化伦理需求从追求快乐向追求幸福转变；精神信仰需求从面临内心焦虑向寻求内心平静转变。让人民群众有获得感、幸福感和安全感，这是一个动态的过程，也是一个永恒的过程。

　　这里需要指出的是，需要不等于需求，因为经济学意义的需求分为两种，即无效需求和有效需求。有效需求是有消费能力的需求，无效需求则是无消费能力的需求。社会心理学意义上的需要不等于贪婪，而是有节制的欲望。我国传统文化的克己复礼就是一种节制，是一种美德。无论在东方还是西方都强调节制是美德。正如有学者认为快乐不等于幸福，古代先贤曾把快乐和幸福区分，灵魂的快乐和肉体的快乐不同，节制是肉体上的，没有节制的快乐就是放纵；幸福是牢固难变的，人们不愿意承认活着的人幸福是因为命运多变，一个人如果由命运摆布，他显然不会一直幸福，所以，我们经常把幸福比作空中楼阁，比作朽木镂雕。②

----

① 程思炜. 统计局回应 6 亿人月收入 1000 元：有数据印证 [EB/OL]. 财新网，2020-06-15.

② 徐贲. 阅读经典，美国大学的人文教育 [M]. 北京：北京大学出版社，2015：51.

中华人民共和国成立以来的 70 多年，我国经济社会发生了翻天覆地的变化，经济成就已经居于世界第二，经济、社会、文化发展欣欣向荣。同时因为有了经济基础，中国社会救助政策从问题导向转向民生导向，这反映了现代化进程中从传统救助向现代社会救助转变的社会变迁特点。上海的社会救助政策是中国社会救助政策的缩影，具有一定代表性、典型性。本书便以上海为例，以期对中国社会救助政策进行探究。

第二节　社会救助政策：面向民生，精准服务

救助政策作为福利制度的一个重要组成部分，上海的救助政策和全国相比具有典型性和代表性，从救助绝对贫困到救助相对贫困，从单位救助向社会救助的转型开始较早，体系较完善，成效也较显著。民生导向救助政策的主要特点如下：从绝对贫困救助转向相对贫困救助、从专项救助转向综合社会救助。2019 年是中华人民共和国成立 70 周年，是全面建成小康社会、实现第一个百年奋斗目标的一年，上海市人大常委会表决通过的《上海市社会救助条例》（以下简称"《条例》"）于 5 月起正式实施。《条例》明确了救助对象的范围、政府及相关部门的职责，① 且结合社会力量比较成熟、公益氛围浓厚的事实，进一步鼓励支持企业、事业单位及志愿者等社会力量，配合政府有关部门开展社会救助工作，体现了社会救助的政府主导、社会参与、社工介入等基层的民生性特征。

---

① 傅闻捷，韩晓余.《上海市社会救助条例》5 月 1 日起实施 社会救助范围扩大 [EB/OL]. 央广网，2019-04-28.

一、分类救助、明确对象

随着上海现代化、国际化大都市的推进，社会流动性人员等现代市场要素的流动，经济社会发展取得了长足进步，但产业结构升级带来的结构性失业、因病返贫、致贫、投资性失误、婚姻家庭解体等多种因素导致了贫困表现形式越来越多样化、个性化。分类救助、科学实施需要明确社会救助对象不同特性中的普遍性特征。上海市明确社会救助对象分为六大类：最低生活保障家庭、低收入困难家庭、支出型贫困家庭、特困人员、自然灾害受灾人员和临时救助对象。

（1）最低生活保障家庭。在本市共同生活的家庭成员人均可支配收入低于本市最低生活保障标准，且符合最低生活保障家庭财产标准规定的本市户籍家庭。

（2）低收入困难家庭。未纳入最低生活保障范围，在本市共同生活的家庭成员人均可支配收入和家庭财产符合本市低收入困难家庭申请专项救助经济状况认定标准的本市户籍家庭。

（3）支出型贫困家庭。具有下列情形之一，且在本市共同生活的家庭成员年人均可支配收入低于本市上年度全市居民人均可支配收入、家庭财产符合本市低收入困难家庭申请专项救助财产标准规定的本市户籍家庭；家庭可支配收入扣除医疗、教育费用等必需支出后，在本市共同生活的家庭成员人均月可支配收入低于本市最低生活保障标准的；家庭年医疗费用支出在家庭年可支配收入中的占比达到或者超过规定比例的。

（4）特困人员。同时符合下列条件的本市户籍老年人、残疾人以及未满十六周岁的未成年人：无劳动能力；可支配收入低于本市最低生活保障标准，且财产符合最低生活保障家庭财产标准规定；无法定赡养、抚养、扶养义务人，或者法定赡养、抚养、扶养义务人无赡养、抚养、扶养能力。

（5）自然灾害受灾人员。因本市行政区域内发生自然灾害，导致其基本生活受到严重影响的人员。

（6）临时救助对象。具有下列情形之一的家庭或者个人：因火灾、交通事故等意外事件，家庭成员突发重大疾病等，导致基本生活暂时出现严重困难的本市户籍家庭或者家庭成员持有本市居住证的非本市户籍家庭；因生活必需支出突然增加超出家庭承受能力，导致基本生活暂时出现严重困难的最低生活保障家庭；因遭遇火灾、交通事故、突发重大疾病或者其他特殊困难，暂时无法得到家庭支持，导致基本生活陷入困境的个人；生活无着落的流浪、乞讨人员（简称"流浪乞讨人员"）。

二、政府主导、精准认定

社会救助体现了政府主导、基层落实的特点。政府主导是明确政府各部门职责：市、区人民政府应当将社会救助纳入国民经济和社会发展规划；健全政府领导、民政部门牵头、有关部门各负其责、社会力量参与的社会救助工作协调机制；各级人民政府应当完善社会救助资金、物资保障机制，将政府安排的社会救助资金和社会救助工作经费纳入财政预算。市民政部门负责统筹本市社会救助体系建设，组织拟订相关社会救助政策和标准，建立健全居民经济状况核对和社会救助受理机制，开展相关社会救助管理工作。区民政部门具体负责本辖区内相关社会救助管理工作，对乡镇人民政府、街道办事处开展社会救助工作进行业务指导和监督。

教育、房屋管理、人力资源社会保障、卫生健康、应急管理、医疗保障等部门按照各自职责，负责相应的社会救助管理工作。发展改革、财政、审计、公安、城管执法等部门按照各自职责，共同做好相关社会救助工作。乡镇人民政府、街道办事处负责有关社会救助的对象发现、申请受理、调查核实、审核确认、动态管理等工作。

村民委员会、居民委员会依法协助乡镇人民政府、街道办事处做好有关社会救助工作。

为精准救助最有需要的人群，上海市自 2006 年起就开始探索居民经济状况核对工作，通过信息系统与相关部门和单位进行信息交换及数据整合分析，形成核对报告，为实施社会救助审批提供依据。截至 2019 年 4 月 28 日，核对系统已建立部门间电子比对专线 32 条，陆续应用到包括城乡低保、特困人员供养、因病支出型贫困救助、医疗救助（包含医疗救助、医保减负）、教育救助、临时救助等 15 个项目。核对工作开展至 2019 年 4 月 28 日，共完成核对 267 万余户，36.7 万余户家庭因不符合申请条件而自愿退出申请，减少财政支出近 35.3 亿元，成为确保公共资源公平分配、科学实施社会政策准入机制的一把尺子。①

三、优化流程、社会参与

社会力量参与社会救助，是上海社会救助工作的鲜明特点，也体现了上海的城市精神和慈善文化。经过多年的发展，上海社会力量比较成熟、公益氛围也十分浓厚。《条例》明确要进一步鼓励和支持企业、事业单位、社会组织以及志愿者等社会力量，配合政府有关部门开展社会救助工作，这也为进一步整合利用社会资源，丰富社会救助服务供给，满足救助对象多样化需求留下了空间。

---

① 沪社会救助新规 5 月 1 日起实施［EB/OL］．上海发布，2019-04-28.

第三节　政府向社会组织购买服务

上海市政府购买服务到 2020 年已经走过了 20 多年，其中 2012 年民政部、财政部联合出台《关于政府购买社会工作服务的指导意见》、2013 年国务院下发《国务院办公厅关于政府向社会力量购买服务的指导意见》，为各地政府购买社工服务奠定了制度基础。[①] 各地在购买社工服务的政策创新和实务推进方面进行了积极探索，而上海从试点探索到经验积累，到逐步成熟建成了一套相对成熟的评估模式，体现了评估的专业性、科学性、效率性、效应性。

一、主要特点

（一）项目运作合同化

2008 年 3 月，上海市静安区人民政府办公室出台了首部《政府购买社会组织公共服务项目合同示范文本》，到 2018 年 3 月上海市民政局、市社会团体管理局发布《上海市政府购买社会组织服务合同》标准文本[②]，政府购买服务的项目运作合同化特色越来越强。合同包括甲方、乙方、见证方基本信息，项目内容、任务、项目资金、支付方式、项目管理与结项、甲乙方权利、义务、知识产权、保密合同的变更和终

---

① 佚名．政府购买社工服务地方推进亮点纷呈 [J]．中国社会工作，2015（18）：1.
② 关于绩效评估评估原则的实践和思考．转载 2020 年上海社会组织，第三期，原创社评哥，静安社会组织评估中心，2020-8-12；上海市民政局．上海承接政府购买服务社会组织推荐目录 2020 版 [EB/OL]．上海社会组织公共服务平台，2020-03-19.

止、违约责任等条款、项目计划书。合同强调履约承诺、诚实守信，保障服务数量和质量，体现服务效率、公平、效应。合同的完整性、准确性、真实性、时效性、有效性是对社会组织服务规范化的要求，更是对社会公众需求的回应。

（二）专业服务社会化

随着政府职能转型，社会组织在公共服务中的专业化角色越来越突出，专业服务呈现专业服务社会化和社会服务专业化的双重特性。专业化服务社会化包括养老服务、残疾人服务、妇女儿童服务、社区治理、社区服务、医疗卫生、劳动就业、文体服务、扶贫济困、志愿服务、专业支持、防灾减灾、专业调处；社会服务专业化指社会服务领域不是一个专业机构能承担完成的，需要各行各业的专业服务机构协作完成，而对参与政府购买服务的专业机构，政府有明确的资质、资格和经验、社会声誉要求。其中上海市民政局规定，参与政府购买服务的社会组织门槛为机构整体能力强，登记成立两年以上，社会组织评估等级 3A 以上；机构应有取得证书的专业社会工作者或相关专业服务人员；运作管理规范，近两年年检合格，社会声誉良好，有长期专注的服务领域，财务管理规范；具有项目实施经验，开展过两年以上政府购买服务项目，对创新社会治理、加强基层建设、改善保障民生具有积极意义且绩效评价结果良好。

（三）评估方式、标准、指标综合化

项目评估涉及多方面综合性要求，因而社会组织评估方式在呈现专业化特点的同时，更会呈现综合性特点；社会组织评估专家是指从事社会组织管理、研究以及参与社会组织相关工作，具有一定理论水平或实践经验的专业人士，主要由政府部门、研究机构、社会组织、会计师事务所、律师事务所等有关专业人士组成。① 项目绩效评估涉及购买主体、承接主体和服务对象的满意度，政府的购买服务要求的绩效评估是一项科学、严密、规范的工作，政府购买服务的财政规定只是一个指导性办法，其原则性、指引性较强，但全国范围内还没有统一的项目评估指标体系，没有统一的评估人员资质条件。因而评估方式、标准、指标的综合化还有待深入研究。

二、社会工作评估的独特性

（一）事前预警、预防

社会工作的一个最大特点就是事前需求评估，需求评估的逻辑结构是用系统的方法识别社会问题，用个案的方法了解特殊需求。政府购买服务的评价体系涉及多个方面、多个专业、多个领域，其中大致完整的绩效评价包括三个组成部分：会计审计评估、财政资金评价和社会工作评估。其中会计审计侧重项目内部控制制度的规范性、项目运作的经济性、资金使用的效率性和目标达成的效果性，主要从项目内部的控制角度对财务规范、会计准则和资金使用的预期效果的一致性进行评估审计；财政资金评估则看重财务预算和支出的过程和目标，侧重财政资金的安全性、合规性、合法性；社会工作的专业评估含义多样，内容丰富，从评估的一般过程角度可分为准备阶段、实施阶段、总结阶段。② 评估的阶段性决定了社会工作评估，又包括需求评估、过程评估、结果

---

① 上海市民政局. 关于建立全市统一的社会组织评估专家库的通知［EB/OL］. 上海社会组织公共服务平台，2020-03-13.

② 李迎生. 社会工作概论［M］. 北京：中国人民大学出版社，2010：35.

评估及后续的方案开发四大部分。具体到残疾人群体评估则侧重家庭的社会功能恢复、社会支持的效果、个人能力和社会的适应度、服务对象的满意度，社工通过大数据分析和抽样调查、入户访谈、面对面交流和电话访谈等各种方法获得残疾群体的真实感受，评估其合理、合规的需求，为社会服务项目提供预警和预防参考。

财政部最新管理办法第二十条明确规定，购买主体实施政府购买服务项目绩效管理，应当开展事前绩效评估，定期对所购服务实施情况开展绩效评价，具备条件的项目可以运用第三方评估。政府购买服务的政策要求事前评估，这和社会工作的事先需求评估和问题调研基本契合。有些个案的需求甚至不是单方绩效评估所能解决的。

（二）过程督导、指引、补漏

在残疾人社会工作中，除政府绩效评价外还有社会工作评估，社会工作评估的意义在于绩效评价、财务评价之外的补充和完善，因为单一的评价标准和评价体系不足以评价残疾人工作的全面性、真实性、复杂性。尤其是残疾家庭各有各的不幸，也各有各的幸福，用大数据加绩效评价对项目的合规性、合法性、效率性的科学评价形成意义重大。但残疾人的个性化需求、项目的个体满足感和期望不能从大数据中体现出来，必须运用专业的个案访谈法、小组座谈法、抽样调查法和电话访谈法相结合的方法，从具体的生活中挖掘、理解，从具体的访谈中观察、体会，从满意度问卷中抽丝剥茧地分析，为科学实施，为个案服务的偏差及时修补、调整提供督导、指引服务。

（三）事后总结、纠偏，开发增值服务

在社会工作介入残疾人康复训练、居家照顾和医疗护理的具体实践过程中，因为社会工作者提供的服务和残疾人真实需求之间存在某种程度的偏差，这种偏差是两种专业导向模式的结果，一种是以服务为导向，另一种是以需求为导向。其中以生活服务为导向又被称作专业导向，这本身就违背了社会工作以案主为中心的原则，成了以服务为中心，这会导致二次伤害。好比古代有一郎中为驼背的人治疗驼背，该郎中号称能治疗各种驼背，如弓者、如虾者等。某人相信了他，治疗时郎中把驼背的人放在两床板上反复加压，结果驼背治疗好了，但人没气了，家人告官，郎中说，他只管治疗驼背，并没保证活命。以需求为导向则是根据残疾人的具体需求、个性化需求，因人开方，因地制宜。因为残疾人最清楚自己最需要的是什么，专业社会工作者并不比残疾人更清楚。在专业导向和需求导向之间经常会发生结构性矛盾，如残疾人需要就业，社工提供心理安慰；残疾人需要两个香蕉，社工提供一个是匮乏不足，社工提供三个香蕉导致过度服务。因此，社工评估具有试错、纠偏和预测的功能。但往往现实的困境超出预期，案主和社工只需互换位置，便发现处于一种进退两难的窘境。比如访谈对象阿天一家，目前医疗技术不能解决康复难题，肤浅的安慰对阿天可能是虚假的话语，任何语言似乎都显得苍白无力。他所需要的社工满足不了，社工能做的不是他需要的。这时候可能耐心倾听他讲故事是最好的选择。他对别人重复了无数遍的悲惨故事，就如同鲁迅笔下祥林嫂对别人讲阿毛的故事一样。

专业评估案例：代泾村的阿珍一家，可谓集万千不幸于一身，似乎老天爷为她关上一扇门，并没有为她打开一扇窗，她家是典型的一户多残。生活的重担和悲惨远超过艺术加工。阿珍，58岁，退休，按说在一般人家，这个年龄应该是享受天伦之乐、颐养天年的时候。社工在2020年7月30日，一个炎炎夏日，在代泾村村委会会议室访谈了她老伴阿天。村对面不远处就是名扬上海的花开上海风光观赏园。每到春暖花开时节，市区和外省很多游客来这里观赏花海，拍照留念。在观赏园不远处的闻名世界的乐高欢乐园，正在紧锣密鼓地开工建设。他们家其实更多受益于这些年改革开放的成果，家中老房子马上被拆迁，很快就会分到两套拆迁房。小康生活就在眼前。这里需要交代的是阿珍天生患有小儿麻痹症，严格意义上不是天生，在20世纪60年代初，她有一天发高烧，并不是普通感冒而是脑膜炎。由于当时没有有效疫苗，阿珍便留下了小儿麻痹症的后遗症，和她同龄的老伴阿天也是小儿麻痹症患者。改革开放后，经济恢复，企业繁荣，打工机会多，她和老伴一起在工厂打工，相识、相爱，两人结婚后生育了两个儿子，日子过得美满。近年来随着企业转型升级，他们年龄越来越大，就从工厂辞职，打算做点小生意。彼时大儿子开出租车10多年，不知道为何一直没有结婚，小儿子在加油站上班，还算稳定。但不幸的是在5年前，大儿子开出租车多年轻微腰椎间盘突出，医生建议平时稍微运动一下，调理身体。在一个晚上的8点钟，大儿子到家旁边小区活动场，玩双杠。没想到，手没抓牢，玩倒挂时，脑袋朝下，从双杠上摔了下来，大脑神经受伤，现在语言表达能力勉强还有，但四肢再也不能动弹。

毕竟血浓于水，多年来，阿天为给儿子看病，不是奔波在医院，就是在去医院的路上，看遍了上海的各大医院。残联领导热心帮忙介绍他儿子到上海残疾人康复医院，接受3个月的康复训练，结果并不如意。儿子大脑神经受损，目前医疗技术无法治疗。

目前阿天还是接受不了这个现实，他还在拖着一条伤腿打听，只要听说哪里有偏方、哪地方能治疗，马上骑着电动车过去询问。儿子大小便不能自理，每天只要儿子解大手，他就要抱起140多斤的儿子，前两年还能抱得动，这两年开始有点吃力。此外儿子小便只能靠导尿管，每

20 天必须去医院换药、换管子，需他陪着儿子去医院。问起二儿子，他还算稍有心安，孙女 10 岁，上小学 3 年级。二儿子在加油站工作还可以，儿媳妇在一家企业打工，也勉强过得去。目前他们一家 5 口住在一起。当社工尝试着问了一个不知道是否敏感的问题"您老 70 岁的人了，能否请二儿子帮一下忙，搭把手"时，阿天终于忍不住掉下眼泪，说着他这辈子不知道做了什么孽，所有不幸全给他们家了。正是因为大儿子这场病，也间接使得二儿子的婚姻出了问题，儿媳妇和二儿子离婚，目前二儿子是再婚，他真不希望再让二儿子过他哥哥那样的日子，希望二儿子一家能过普通人的日子就好。目前经残联协调，阿天被纳入了居家照护项目，服务员每天一小时的居家服务为阿天分担了很多家务琐事，这是唯一令阿天感到欣慰的。①

三、社会工作专业化发展取得初步成效

上海社会工作经过多年的发展得到了一定的行业认可、政府认可和社会公众认可，具备了一定的社会基础。上海社工协会认为上海社会工作发展包含四个维度：社会工作专业化程度、社会工作职业化程度、政府认可度、社会认可度。它能够衡量社会工作发展状况和质量，反映社会工作的发展现状，发现社会工作发展过程中存在的问题，了解社会工作从业人员及其他相关主体的诉求和愿景。

（一）专业化教育提供了专业化力量

依托高校、职业教育等资源，上海市社会工作学术领域纵贯深入、百花齐放，社会工作专业化通过社工教育的发展呈现出欣欣向荣的发展

---

① 访谈资料由上海市某区残联提供。

趋势和前景。上海市共有 9 所重点大学、22 所一般大学、4 所民办大学。其中 15 所高校开设了社会工作专业本科，6 所高校开设了社会工作专业硕士，4 所高校开设了社会工作博士。创设"社会工作教育联席会议"制度，优化社工专业学生培养体系，定期开展社工管理界、实务界、教育界的交流，许多具有一线工作经验的社工被学校聘为实习指导老师，同时作为高校社工专业的部分教师也在社会工作的实践过程中担任督导和评估工作。

（二）职业化发展初具社会基础

从社会工作职业化程度来看，上海市社会工作行业协会数量全国领先，多达 18 家，静安区、普陀区、闵行区、杨浦区、浦东新区、徐汇区、松江区、长宁区、金山区、宝山区、青浦区、虹口区、黄浦区 13 个区成立了社工协会，其中黄浦区成立了 4 家街道级协会。2019 年，上海市新增社会工作服务机构 35 家，共计 638 家。共有专职人员 40081 名，兼职人员 11328 名。持证社工总计 30928 名，其中，持社会工作师证书的社工 8714 名，持助理社会工作师证书的社工 22214 名。

（三）项目化运作拓展发展空间

上海市社会工作服务机构主要采取项目运营制，项目主要来源于公开招投标、政府推荐、机构相互推介、自主拓展等途径。资金来源仍然以政府购买服务为主，基金会资助和服务低偿收费也逐渐增多，间或有企业资助和个人捐赠资金。

机构员工的薪资水平整体不高。据问卷调研，专职社工平均月薪大于 9000 元的占 0.52%；7000～9000 元的占 15.6%；5000～7000 元的占 41.3%；3000～4000 元的占 42.6%。

大部分社会工作服务机构处于发展期和成熟期，比较重视督导管理，平均督导频次处于较高水平。总体上管理制度较为完善，但仍有部分机构需要在员工激励、志愿者管理、项目管理、会议管理和督导培训方面有所提升。

（四）政府认可度提高

政府对社会工作的实质性认可重点表现在政策标准的制定和财政支持上。上海市多个区已经相继出台了促进和规范社会组织发展的地方性政策文件，仍需不断探索上海本土化社会工作的发展道路和发展模式。

（五）社会认可度逐步提高

从服务人次来看，2018 年社会工作服务机构开展的个案服务、小组服务和社区服务，分别涵盖服务人数 45594 人、109158 人、391923 人。有近 15.98% 的机构年服务 10000 人以上，52.05% 的机构年服务 300 人以上，整体涵盖服务 546675 人。大部分社会工作服务机构对于自身提供的服务具有较高的专业自信和认同。从社会认可度来看，被调查机构全年服务人次达到 546675，但相较于上海市人口总量来说，社会工作专业服务覆盖率仍然偏低；从服务对象的满意度讲，目前整体满意度在 87.63%，仍然有进一步提升的空间。①

---

① 上海社工协会 . 2020 年上海市社会工作行业发展报告［EB/OL］. 上海社工，2020-
06-23.

第四节　社会工作专业化和本土化关系

中国社会工作是由政策导向、专业导向和生活导向三重空间逐步发展演化而来，更是在现代化转型的大背景下逐步发展而来的，因而具有较强的政策指引性、专业开放性和本土民生导向性。

一、专业性学科建设和开放性学科发展的契合

封闭论者强调社会工作有该学科的专业特色和专业特性，不应该宽泛化，如果宽泛化，就失去了专业特色和学科特性。社会工作的一般定位是应用型社会学科，学科和专业的特色就是社会认可度、行业认可度的基础，就是专业的生命力所在。事实上英美社会工作的专业化、职业化和社会化进程也在不断吸收其他学科的营养和成果，如精神分析心理学、功能主义心理学、结构功能主义社会学、人类学、经济学、公共选择经济学、政治学，社会工作理论越来越丰富，越来越多元。因而在社会工作实务理论层面，社会工作不断地在综合日益发展的其他学科的理论知识；在实践层面，社会工作者在个案方法、小组方法、社区方法的基础上，不断扩充自己的边界，不断丰富专业理论。为保持社会工作学科的独特性和生命力，扩展边界是必须的。

随着经济生活、社会生活的更加复杂多样，社会分工的发展日益精细化，知识分工越来越细化，甚至细化到隔行如隔山的地步，社工的边界扩展越来越困难，其独特性越来越被其他学科瓜分，专业空间似乎越来越被压缩。这似乎成了一个悖论，如果不扩展专业的边界，就不能解决日益复杂的、多样的、变化的生活世界问题；如果一味扩展自己的边

界，会造成独特性越来越淡化，专业性越来越模糊。无论是扩展还是不扩展，都会陷入一种两难困境。

二、专业性和本土性的契合

专业化社会工作引入中国后，得到了党中央和各级政府部门的认可，也得到了大多专家学者的认同。中共中央第十六届六中全会提出了建设宏大社会工作人才队伍的重大战略任务，要求建立健全以培养、评价、使用、激励为主要内容的政策措施和制度保障，确立执业规范和从业标准，我国社会工作专业化取得了较大进步。为响应号召，中组部等18个部门于2011年联合发布了《关于加强社会工作专业人才队伍建设的意见》，这是一个纲领性文件。社会治理的重心必须落到城乡社区，社区服务和管理能力强了，社会治理的基础就扎实了。李克强总理在2020年政府工作报告中提到，健全社区管理和服务机制，2020年7月31日，民政部也发文要求增强养老、托幼、心理疏导和社会工作等社区服务的吸纳就业能力。

市场化取向的改革给我国带来了两方面影响：一方面，市场经济改革使得原来计划体制下的民间救助和单位救助的旧模式被削弱。当时存在民间救助和单位救助两个系统：民间助人系统主要指家庭家族、邻里和亲友的互助；单位救助指城市单位对其成员及家属的保护，或者政府组织的剩余社会救助。王思斌进一步指出，城市化、家庭小型化和人口老龄化给民间助人系统带来严重冲击，经济市场化导致很多企业的社会功能减弱，企业单位的救助功能减弱是市场化取向改革的逻辑结果。另一方面，因新旧救助系统转型，社会问题涌现，民间救助系统也日益弱化，大量农村劳动力外出打工，导致农村的老弱病残的社会保障缺位，而新的社会问题更加突出，"在急剧的社会变迁中，中国社会面临着种种社会问题，艾滋病的缓慢涌现、吸毒人群的悄悄增长，如何缓解由社会压力造成的挫折感，如何降低不断增长的离婚率及维护社会稳定，如何降低犯罪率、自杀率；而其社会群体和不同阶层之间的收入差距急剧扩大，这些都是建设和谐社会的努力中需要面对的"。此外还有城市结构性失业群体、因病致贫群体等，这都为社工介入提供了社会空间。①

三、本土实践中的若干问题

理论是灰色的，而生活之树常青；但有时生活之树不是常青，而是无奈；人们常说不经历风雨难得见彩虹，但还有部分社工没经历过多少风雨，只有书本知识，没有实践体会。

社会工作专业的生命力来源于生活，既需要适应生活，又要高于生活，这中间就出现生活导向与专业导向的偏差、专业伦理和本土文化之间的冲突和偏差：

（一）专业服务和生活导向的偏差

专业服务的基本原则是案主自决、助人自助，社会工作者对案主过度干预或干预不足都会违背社工服务理念和专业伦理。社会工作者在社会实践中往往不是以被服务者为中心，而是以专业为标准，用一把固定尺子量到底，有刻舟求剑之嫌。以服务为导向或者以专业为导向的工作方法被称作"明抢豪夺"，"他将被抓到的人放在一张床上，比床长的人，被砍掉长出的部分，比床短的人，被迫拉长"，这会导致二次伤害。② 也如社工在服务残疾儿童时，家长的决定和儿童的决定有冲突，

---

① 王思斌. 社会工作概论［M］. 北京：高等教育出版社，2014：36.
② 迈克尔·奥利弗，鲍勃·萨佩. 残疾人社会工作［M］. 高巍，尹明，译. 北京：中国人民大学出版社，2009：69.

一位社工感到"案主自决"有难度。以需求为导向需要根据残疾人的具体需求、个性化需求，因人开方，因地制宜。

（二）保密和知情权的冲突

信息保密和信息分享问题越来越成为信息化时代的重要难题，保密原则是社会工作的重要伦理原则，在社会工作服务的案例中存在亲子关系的冲突问题，如有些青少年认知、理解有偏差甚至多数叛逆，需要保留自己的秘密空间，而父母则有对儿童的监护权，有知情权，因而社工介入这类亲子关系纠纷和冲突时则需要平衡这种保密权和知情权，把握不好不仅违背专业伦理守则，还有可能建立不起专业关系。由于本土社会工作是嵌入行政体系展开的，因此保密原则会受到更多挑战。民法典的《人格权编》第6章规定了"隐私权和个人信息的保护"，其中应当包括不动产登记中涉及的个人信息。该章第1039条明确规定："国家机关、承担行政职能的法定机构及其工作人员对于履行职责过程中知悉的自然人的隐私和个人信息，应当予以保密，不得泄露或者向他人非法提供。"当然保密原则也不是绝对的，需要结合具体的情景平衡保密原则和知情权界限。

（三）专业化需要结合本土实际

社会工作专业本来是从海外引进的，人们的一般心理是外来的和尚会念经，多数初学者容易犯的错误是照本宣科，还经常以专业自居，排斥在本土生活的具体人员和遇到的具体问题。这些专业社工在介入老年人生活的时候，总是想以书本知识改造老年人，可能会对老年人造成二次伤害：比如一位实习生到养老院做调查问卷，开口就问，"您为何住养老院？"不提起倒也罢了，一提起伤感话题，老人禁不住泪如雨下，因为多数中国人还存在"养儿防老,居家养老,金屋银屋,不如自己的土屋"的传统观念。因子女工作忙,没时间在家陪老人,住养老院是某些老人迫不得已的选择。

专业伦理要求社工和案主之间不能发生利益关系,小礼品和利益之间的界限在实践中很难区分,如果完全保持绝对的中立,不带任何小礼物,专业关系很难开展;在本土文化中如果完全不近人情,专业关系很难开展。如果社工建立专业关系而不亲近,那么案主遇到问题也难以向社工求助;如果关系过于亲近,又会给专业关系带来障碍。①

社会工作专业的伦理守则要求社工和案主不能发生任何利益和情感交流,需要保持中立、客观的立场,但在实际工作中,无论个案工作还是小组工作都很难做到这一点。专业导向如果不结合本土文化就会在社会工作实践中犯"东施效颦"的错误,社会工作的理念、职业伦理和职业标准在中国部分省市已经实现了本土化标准构建,但这个专业化需要结合不同省市的具体省情、市情、区情的具体贫困群体来探讨。

---

① 李然,吴越,戴晨曦. 青少年社会工作实践中的伦理困境及应对策略:基于对北京海淀区青少年社工的访谈 [J]. 中国社会工作,2015 (13):3.

第三章　社会工作和残疾家庭互动契合

当前中国正处在现代化转型期，传统文化的亲情和市场化竞争的无情产生对抗，大家庭转变为小家庭，传统伦理文化和现代伦理文化处在疾速变动中。这种矛盾和冲突、困惑和希望在残疾人家庭、婚姻中体现得最独特、最典型。一般家庭是养儿防老，而在部分残疾人家庭是养儿养到老；一般家庭是久病床前无孝子，部分残疾家庭则是久病床前有良母、慈父。针对残疾家庭中特殊的家庭关系、夫妻关系、亲子关系的矛盾，专业的社会组织通过政府购买服务的项目，通过专业社会工作者积极介入残疾人家庭的生活和工作，解决残疾人的特殊需求并化解其家庭矛盾。

改革开放以来，残疾人社会工作是在借鉴发达国家的实务理论和实务工作模式基础上发展起来的，英美国家的残疾人社会工作理论模式为我国提供了学习参考。世界上没有完全相同的人，也没有完全不同的人，残疾人也是如此，英美等国帮助残疾人的理念、政策、服务组织、服务体系、服务方法既有和我国的相似之处，也有很多不同之处，本着求同存异、和而不同的原则，需要把英美帮助残疾人社会工作理念、实务模式和救助政策、经验、教训加以借鉴，创造性地运用于我国的残疾人医疗护理、康复训练、居家照顾、就业帮助中。

近年来，中国经济发展取得了巨大成就，这得益于科学、技术发展和经济增长、社会进步；绝对贫困渐行渐远，相对贫困则渐行渐近。但不是所有人能同步享有科技、经济和社会的发展成果，有些群体在这场科技、经济发展中成为社会中心、时代翘楚，有些群体则逐步远离科技、经济和社会中心，逐步被边缘化、去家庭化、去社会化。比如残疾家庭的特殊贫困群体。这些群体得益于技术进步、经济增长和社会发展，同时又受困于自身的知识能力、心理不认同及部分社会公众的排斥。

社会工作可以为社会救助政策惠及残疾贫困家庭提供桥梁中介作用，为残疾贫困家庭增强个体认同能力、家庭融入能力和社会融入能力赋予新的希望和动力，为社会救助政策的实施提供事前预测、过程干预、效果督导评估，也为社会救助政策和残疾家庭的互动提供科学、专业、动态、可持续的发展预测和建议。

第一节　专业化和本土化契合的三个维度

某种程度上，社会工作专业化、职业化是慈善事业科学化、现代化发展的结果，社会工作自引入中国的专业化教育、职业化发展和社会化服务以来就存在国际化和本土化的契合度问题。有学者认为，社会工作只有国际化的理念、标准和方法；本土学者强调社会工作的本土化、特殊化。这方面的探讨争论似乎难以达成共识，但从社会生活体验角度来看，两者既有高度的冲突性又有高度的融合性，或者说"异中有同，同中有异"。正如有人说世界上没有完全相同的两片叶子，也没有两片完全不同的叶子。专业契合度在生活实践中具体表现在残疾服务的专业观念从个体型残疾到社会型残疾的社会契合度。

残疾群体有个体型残疾服务模式和社会型残疾服务模式两种。残疾社会工作理念源于英国，1601 年的《伊丽莎白济贫法》把需要救助的穷人分类救济，即院内救济和院外救济，在 20 世纪 70 年代又被研究英国残疾问题的学者提出，英国政府和社会公众认可的两种服务模式。但社会工作者在运用这两种模式时容易犯一些错误，因为在实践中很难判断残疾人需要的是个体型服务模式还是社会型服务模式。当然更重要的是，社会工作者对个体残疾型和社会残疾型的理论认识存在匮乏、适度和过度层次上的偏差，一般情况下社会工作者存在理解上的匮乏，特殊情况下存在理解过度偏差，社工需要寻求匮乏和过度之间的一种平衡点，这种平衡点就是适度。但这种偏差只可体会不可明说，这正是社会科学和自然科学、理工科学的区别。比如一个光刻机的精确度可以达到 5 纳米（十亿分之一米），但人和人的情感、亲情距离很难用精准的仪器来衡量。即使衡量出来，也毫无实际价值。专业理念、政策和实务理论及方法引入本土的契合度取决于理解的契合度，正是应了那句话："纸上得来终觉浅，绝知此事要躬行"。初学者总是以专业科班出身自豪，以理论刻板模式自居，以教科书式的刻板介入，很容易犯自信过度的错误，出现这种情况的实质是理解匮乏。

一、个体型残疾维度：在争论中前行

专业社工的任务是使残疾人适应残疾后的特殊条件，而这包括两方面的任务，第一是身体调整，通过康复计划使得身体尽可能康复到接近正常的状况；第二种是心理调整，帮助残疾人认识到身体功能受限制的现实。个体型残疾观念已经成为主导社会生活的主流意识。社会工作者一直强调医药护理和心理疗法的个案工作模式，这是维护专长和专业权威的最好方法。而在没有外界介入的情况下，残疾人刚发生受损会发生何种反应，纽约大学医学院的社会工作者观察到截瘫患者的过程反应——从不适应到适应的痛苦心理历程：第一阶段震惊，这是脊髓损伤患者在突然袭击下的即时反应，通常以哭泣、歇斯底里、精神极度不安而产生幻觉等为特征。第二阶段否定，拒绝接受以后完全不能康复的现实。第三阶段愤怒，脊髓损伤患者经常将怒气发泄到周围行动自如的人身上，因为行动自如的人经常引起他回忆起已经失去的东西。第四阶段抑郁，在长期残疾的情形下会导致精神抑郁，最大的现实需求就是康复，这需要一个调整适应的阶段。社会工作者的任务是帮助残疾人顺利通过这个调整阶段。阿尔布雷科特将这种模式描述为发展模式，同时社会工作者的任务有四个阶段性目标：残疾人按顺序通过全部调整阶段，使他完全适应社会生活；这些阶段调整只有一条路，根据标准的操作流程，可以判断一个残疾人已经到达的调整阶段；每一调整阶段都有一个固定时间周期，每一阶段的运作方式是一条单行线。脊椎损伤在相当程度上适合这种类型，失明者也适合，有学者说，失明就意味着死亡，当人在青年或壮年时失明标志着一个有视力的生命的结束，或者就是死亡。① 为了应对这种需要，观察者发现了四个阶段：不相信、反对、抑郁和复原。

　　这些理论研究为社工的职业实践提供了干预预估基础和方案制订流程，然后社工根据阶段性目标进行评估和反思。但这种流程化的诊断、预估和干预遭到一些学者批评：这些理论的潜台词是残疾人和正常人不同，只能通过这条唯一路径干预，帮助残疾人接受、适应、调整自己。

---

　　① 迈克尔·奥利弗，鲍勃·萨佩. 残疾人社会工作［M］. 高巍，尹明，译. 北京：中国人民大学出版社，2009：13.

调整是个人现象，是个人的问题，不是社会问题。心理学机制调整模式可能和有些残疾人的经历不相符合。①

（一）结构型错误之一：需求和服务不契合

当社会工作者告诉一个失明女青年她的视力无法恢复时，她却没有过度悲伤和震惊，基于理论需要，社工试图改变她的忧郁情绪，女青年拒绝了，因为她更关心的是她能否继续做教师，能否继续独立生活。②10 多年前笔者接待过一位外籍失明残疾教师，在接待晚宴上有人帮她夹菜，被她严词拒绝，她说这种帮助行为是对她的侮辱，她自己可以的。她和正常人一样，不需要这种格外的帮助。这是社工容易犯的错误：她需要一个香蕉，你给她一个苹果。

（二）结构性错误之二：重视个体康复、家庭康复

家庭是连接个体和社会的纽带，个体型残疾的康复和社会型残疾的治疗在残疾家庭中得到了汇聚连接。自我认知、自我排斥和社会排斥对个体情绪的影响都会在家庭中得到集中释放和爆发，因而残疾家庭中成员关系的改善是基础；残疾人更需要家庭的关怀和温暖，往往一人致残，拖累全家。英国的调查表明，20 世纪 70 年代，在全国离婚率为7%的情况下，南安普顿地区 16%的残疾妇女离婚或分居，仅有 4%的残疾男人离婚，妻子是残疾人的婚姻比丈夫是残疾人的婚姻更容易破裂些，而布莱克斯特在苏格兰的调查表明，残疾男人的离婚率比残疾妇女高一些。莫里斯对 102 名脊椎损伤后结婚的妇女的调查中，17 名妇女

---

① 迈克尔·奥利弗，鲍勃·萨佩．残疾人社会工作［M］．高巍，尹明，译．北京：中国人民大学出版社，2009：13.

② 迈克尔·奥利弗，鲍勃·萨佩．残疾人社会工作［M］．高巍，尹明，译．北京：中国人民大学出版社，2009：13.

选择离婚。① 一般而言，婚姻解体总是会给人带来或多或少的伤害，更会影响两性关系，带来资金困难或者物资供应困难问题，带来社会排斥和歧视。但残疾群体一方面要经历婚姻解体带来的痛苦，另一方面更期望家庭的关爱和婚姻。这似乎是一个悖论和死结，且由于中国传统文化对"性生活、性禁忌"话题比较隐晦，这成为部分残疾群体的难言之隐。但并不是所有的残疾家庭都存在问题，许多家庭不需要任何帮助。有些残疾家庭夫妻可以过正常人的生活。希勒引用了一个残疾正常家庭的描述："我妻子处理日常家务，我负责挣钱养家。我们有自己的朋友圈子，他们把我们当朋友。我们的住所和邻居家的毫无差别，妻子帮我穿衣服，我帮她洗澡，我们经常过性生活。她也埋怨没有正式工作，事实上一切正常。"②

因而残疾社会工作理论只是提供了一些基本原则和指导性建议，具体到不同的残疾个体还需要具体问题具体分析。

二、家庭型残疾维度：脆弱的桥梁

家庭是连接个人和社会的桥梁，一个家庭既是一个"放大版"个人，又是一个"微缩版"社会。个体型模式和社会型模式治疗的结合点就是家庭。在没有外部力量的支持下，单靠家庭的力量不足以治疗残疾个体，也不足以为政府消除社会型残疾的努力提供政策性资金支持。因而社会工作介入残疾家庭就是帮助残疾人建立三种关系。其一，支持家庭成员科学照顾残疾个体，由于缺乏专业技术，可能增加残疾的程

---

① 迈克尔·奥利弗 [M] 鲍勃·沙佩 [M] 高巍，尹明译，残疾人社会工作，中国人民大学出版社，2009：65.

② 迈克尔·奥利弗 [M] 鲍勃·沙佩 [M] 高巍，尹明译，残疾人社会工作，中国人民大学出版社，2009：67.

度，例如，一名残疾儿童在父母的溺爱下可能受到过度保护，过度溺爱而不利于康复能力的恢复。其二，协助家庭成员之间健康关系的恢复，一个家庭成员患病可能会导致家庭结构发生变化或解体。当然也有的家庭成员会不离不弃，维系家庭的纽带会加强。其三，社会工作将依据政府政策对残疾人群体的社会隔离、歧视加以消除。

三、社会型残疾维度：艰难的观念革命

从个体型残疾到社会型残疾是一个基本的转变或者说是一次观念革命。这个新范式涉及一个基本转变，由关注加在某人身体上的限制，转变为关注自然环境和社会环境施加于某些团体或几类人身上的限制。真正的问题是要求全社会调整以适应残疾人，而不是残疾人个人进行调整。这个模式转变的本质是注意力从强加在残疾人身上的限制，转变为关注自然环境和社会环境施加于某团体或某类人的个人身体限制。"国际残疾人年在 1981 年的第一个正式目标是'帮助残疾人在身体、心理上进行调整，以适应社会的需要'，但真正的问题是，对残疾成员，社会愿意在其工作模式上、制定预期目标上做多大程度的调整？对现在强加在残疾人身上的、他们自身无法逃避的限制做多大程度的解除？"

就社会型残疾观而言，调整是对全社会进行调整，而不是对残疾人个人进行调整；然而在某种程度上，工作形式和目标的调整，并不是社会自愿的事情，而是清除这些社会限制。如果社会不愿意，怎么清除，身体损伤者反对隔离联合会发表的一份声明指出："就我们的观点而言，是社会使得身体损伤的人成为残疾，残疾是强加在我们损伤之上的东西，我们不需要被孤立，不需要完全排除在社会活动之外。要理解这一点，必须领会身体损伤的人和损伤了身体而被称为'残疾人'这两者的区别，这是两者在社会地位上的区别。因此我们把身体损伤定义

为：缺少四肢的某一部分或某肢体的全部，或有一只有缺陷的肢体，或身体组织有缺陷，或身体功能有缺陷。目前把残疾定义为：由于现今的社会组织不顾及或很少顾及身体有损伤的情况而把他们排斥在全部活动之外，从而迫使他们不便于活动或活动受到限制。所以身体残疾是一种特殊形式的社会压迫。"

席勒和 Uplas 联合会都提倡社会型残疾的工作模式，但两者的侧重点有区别，席勒要求正常人社会取消加在身体受损者头上的残疾标签，社会应该主动采取行动；而联合会则主张身体损伤者自己进行斗争，才能取消残疾称号和标签。

这两种社会残疾型对社会工作的指导意义是，职业社会工作者希望为残疾人工作还是与残疾人一道工作。如果为残疾人工作就有点恩赐、施舍的含义，这就有操控案主之嫌，违背社工专业伦理，也可能会给残疾人造成二次伤害；如果是和残疾人一起工作，则具有平等助人的价值含义。社会型残疾并不意味着取消个体型残疾工作模式，个体型残疾工作模式只是可供选择的工作方法之一。

第二节　政府购买残疾人服务的新模式

改革开放以来党和政府非常重视残疾人福利事业，1984 年中国残疾人福利基金会成立，1988 年 3 月在中国残疾人福利基金会、中国盲人聋哑人协会和联合国残疾人十年、中国组织委员会秘书处的基础上成立了中国残疾人联合会，下设 5 个专门协会，中国盲人协会、中国聋人协会、中国肢残人协会、中国智力残疾人及亲友协会、中国精神残疾人及亲友协会。中国残疾人福利基金会属于中国特色的半官半民的管理服务体制，兼具代表、管理和服务的功能①，在探索中国特色的残疾人事业中发挥了不可替代的作用。中国残疾人事业形成了具有中国特色的领导体制和工作机制，党委领导、政府负责、社会参与，残疾人组织充分发挥作用。残联的功能是管理、代表和服务，利用管理功能推动制定残疾人权益保障的立法，加强残疾人工作机构建设，推动残疾人组织的建立；在残疾人组织和残疾人自身关系方面，残联的定位为代表者和服务者，通过动态监测体系和大数据向政府反映残疾人需求，同时强化基层残疾人组织的服务能力；和政府合作购买残疾人公共服务项目；初步建立起残疾人社会保障体系，逐步完善残疾人公共服务体系，逐步完善残疾人就业服务制度，初步构建残疾人医疗康复、社会康复、教育培训康复和居家养护等多层次服务体系，尤其是在硬件无障碍设施、无障碍环境建设方面成效巨大。近年来随着残疾人事业的发展，我国残疾人政策发展从绝对贫困向相对贫困转向，政府购买残疾人服务内容逐步增多，范围逐步扩大，成效逐步显现。上海政府购买残疾人服务的政策逐步完善，尤其是向社会组织购买残疾人服务范围逐步扩大、体系逐步完善。

一、从试点到完善

2014 年中国残联印发《政府购买残疾人服务试点工作实施方案》（残联厅发〔2014〕47 号）的通知，明确建立工作机制，成立政府购买残疾人服务工作实施机构，明确具体牵头部门与职责分工，制定试点工作实施办法或细则；推动建立和完善政府统一领导、残工委统筹协调、财政部门与政府职能部门支持、残联组织推动、社会广泛参与的试点工作机制。此后政府购买残疾人服务在上海从试点到完善，逐步向规范

---

① 郑功成．中国残疾人事业发展报告（2017）〔R〕．北京：人民出版社，2017：3.

化、制度化、标准化方向发展。这种新型政府助残模式在北京、上海、江苏、武汉等地逐步推广，而各地根据自身情况将政府购买服务分为契约模式、行政模式、合作模式。① 截至 2019 年，上海市市区两级残联向社会购买助残服务项目已经超过 500 个，涉及金额约 5 亿元。② 其中 10 个涉及残疾人就业、托养照护、社会支持、社会融合、文化体育等项目需求；各类服务机构 252 个，其中社会组织 144 个、企业 100 个、事业单位 8 个。③ 政府购买服务的形式主要有公开招标、委托服务等多种形式，本案例中的购买主体为上海市某区民政局和区残联；公共服务的承接主体为定点医疗护理、康复机构、居家照顾机构、农业生产合作社及就业培训机构和学校。这些机构中的社工大多有社会工作的从业资格及从业经历。从这些承接者的社会组织属性看，多数为民政部门登记注册的非营利性社会组织；从专业化、科学化功能分工看，基本体现了专业机构从事专业服务的原则，体现了政府购买服务的专业性、科学性、针对性、可操作性、规范性及合规性。

下面例子中的两位主人公得益于政府购买残疾人居家照顾项目，该项目为残疾人提供基本的居家养护服务。

现年 58 岁的残疾人阿文，瓦工出身，特别怀念身体健康的那些日子，当时他技术熟练，在工地上做瓦工，靠技术也能养家糊口，钱不太多但也小康有余。我们到他家时首先映入眼帘的就是他家的房子，二层小楼房很漂亮，据介绍这是村里的拆迁房。社工说："你家的房子很好

① 张迎迎. 政府为残疾人服务"买单"［N］. 慈善公益报，2016-01-22.
② 孙云. 2020 年上海 225 项助残服务政府采购项目昨集中发布［N］. 新民晚报，2019-11-03.
③ 孙云. 2020 年上海 225 项助残服务政府采购项目昨集中发布［N］. 新民晚报：2019-11-03.

啊，在市区属于豪华别墅。"阿文则说："没用的，这房子好坏和我没一点关系。"原来他已经躺在床上 30 多年了，他的整个世界就是卧室。30 多年前的一天，他做瓦工时，不小心从脚手架上摔了下来，把脊椎神经摔坏了。现在回想起来，阿文后悔莫及。人生是一场直播，没有彩排，有些失误没办法弥补。据阿文介绍，他瘫痪在床没几年妻子便和他离了婚，儿子则一直和他相依为命，但几年前儿子工作后搬离家自住，有时一周回来一次，有时工作忙一个月也回不来一次。目前阿文的日常生活需要人照顾，居家养护的服务员就是自家邻居，每天来照顾他两个小时，洗衣、清洁、烧菜。他比较满意和知足，但就是感觉老麻烦人家有点不好意思。另外他自己还请了一个阿姨，每天照顾他的生活起居。

现年 71 岁的阿云，在我们到他家时，正坐在门口剥豆子。家里比较凌乱，但空间比较宽敞，门前小块自留地种植些蔬菜。阿云对目前生活比较满意，儿子女儿已经长大成人，结婚生子，孙女都已经上大学了。平时老两口住在一起，儿子女儿周末回来看他俩。他自 2006 年眼睛失明后，干不了什么农活，家里主要是老伴跑前跑后，他只能做些轻活。老伴身体也不好，所以居家服务员每天的上门服务对他们来说是雪中送炭。服务员负责洗衣、卫生清洁，至于烧饭、做菜还是老伴做，阿云说，"烧菜老伴还做得动，不太好意思麻烦人家（服务员）。服务员是本村人，乡里乡亲比较方便，已经服务三年了，每天一小时。"

二、从物质需求到文化需求

上海大多残疾家庭温饱问题已经解决，住房宽敞，衣食无忧，已经在物质层面消除了绝对贫困。残疾家庭的物质生活、经济收入处于比上不足、比下有余的中等水平。尤其是上海政府在残疾群体救助型政策的实施中已经从问题导向转向民生导向。据大数据调查，上海市某区残疾人自有产权住房者最多，为 8642 人，占比 97.84%；享受住房保障政策者（廉租房或公租房等）次之，为 128 人，占比 1.45%；租赁房者 43 人，占比 0.49%；借住或无固定住所者最少，为 20 人，占比 0.23%。住房问题的解决使得残疾群体住有所依，这同时也会促使残疾群体产生新的需求。残疾人的需求主要集中在康复训练、医疗护理、就业指导阶段，更深层次的需求是婚姻家庭、社会融入、文化生活等方面。

三、社会救助政策的特殊性

上海残疾人的社会救助保障项目由普惠性的社会救助、社会保险、社会福利等部分组成，这些制度成为残疾人社会保障的基础。残疾人特殊性保障是指国家和社会对残疾人在养老、疾病、缺乏劳动能力及退休、失业、失学等情况下提供基本的物质帮助，并给予相应的康复、医疗、教育、劳动就业、文化生活、社会环境等方面的权益保障。特殊性的社会福利包括残疾人津贴、康复服务保障、特殊教育保障、就业保障、无障碍设施等。总之，通过普惠性制度安排给予残疾人公平待遇，保障其基本生存发展需求；通过特惠性制度安排给予残疾人特别扶助和优先保障，解决其特殊需求。购买补充商业保险，包括残疾人大重病保险、人身意外和门急诊保险、残疾人家庭财产团体保险三类，这丰富和完善了残疾人的特殊保障体系，增强了残疾人群体的抗风险能力，并取得了初步成效。

（一）从单一救助转向多层次托底保障

残疾家庭社会保障从社会保障、城镇保障和农村保障三种形式发展到大重病、财产、寿命保险等多重补充商业保险的多层次保障体系。上海市的下辖区残联根据政府购买服务的补贴精神，分别与不同的保险公司签订购买合同，为残疾群体提供风险保护服务。

现代化某种程度上把残疾人群体边缘化，这是因为现代社会同时也是风险社会，比如随着现代交通工具如汽车的普及，一些正常人因车祸而致残的数量越来越多，而交通车辆的增加加上部分交通车辆的违规行驶导致残疾群体出门的风险增加。据对某区残疾群体调查发现，肢体残疾者增速较快，2015—2016 年全区肢体残疾人数从 6784 人增加到 7032人，增量为 88 人，增速为 3.6%，而到 2018 年则增加到 8919 人，其中相当一部分为肢体残疾。这其中有很多是交通事故所致。因而对残疾人的社会保障不仅需要普惠性的社会保障政策，更需要特殊性的社会保障、补充性的商业保险等多重保障体系。

（二）从粗放型救助向精准服务转变

养护服务发展迅速，形成了居家养护与日间照料和寄宿托养等多种托养方式以满足残疾群体的个性化需求。在今天家庭文化依然是被残疾人接受和认同的。残疾人的照顾类型，据大数据调查：居家养护 772人，比例最大，为 13.29%；日间照料居中，392 人，占比 6.75%；寄宿托养 159 人，比例较小，为 2.74%。区残联通过政府购买服务的形式，由社会组织新启航等参与居家养护和康复护理。

（三）从输血型向造血能力提升型转变

就业对残疾人具有特殊的重要意义，它不仅是残疾人解决生存问题的主要途径，也是残疾人获得社会认同、实现自我价值的主要途径。我国政府历来重视残疾人就业工作，建立了具有中国特色的集中安置就业制度，探索集中就业、按比例分散就业、灵活就业和公益性就业等就业方式。

近年来集中就业仍然是主要就业形式，但其他就业形式越来越丰富、多元（如表3.1）。

表3.1　上海市某区 2016—2018 年就业形式及占比

人数年份	残疾人就业形式						
	按比例就业	集中就业	个体就业	公益性岗位就业	辅助性就业	农村种养户	灵活就业
2016	1663	2127	67	297	220	433	238
2017	1742	1877	56	275	235	339	271
2018 年就业形式及占比	1665	1786	58	263	226	381	253
	35.95%	38.56%	1.25%	5.68%	4.88%	8.23%	5.46%

资料来源：上海市某区 2019 年残联大数据。

1. 集中就业是有效保障残疾人权益的一种重要的就业方式，长期以来，具有社会福利性质的特殊企业承担了吸纳残疾人就业的主要任务。虽然从 2016 年以来有所下降，从 2127 人下降到 2017 年的 1877 人，降幅达 11.75%；从 2017 年到 2018 年，减少 91 人，降幅为 4.85%，但仍占有较大比例。其中 2018 年在福利企业集中就业人数 1784 人，占比 99.89%，在盲人按摩机构 2 人，占比 0.11%。

2. 按比例就业 2016—2018 年有小幅上升，三年内总体略有增加，占比排第二位；按比例就业近年来从 2016 年的 1663 人增加到 2017 年的 1742 人，增速达 4.75%，2018 年 1665 人，比 2016 年仍有小幅度增加。

3. 农村种养户略增，仍占有较高比例：2016—2018 年三年间先是从 433 人到 339 人，再是增加到 381 人，占比排第三位，为 8.23%。

4. 公益性岗位就业略降，三年的人数分别为 297 人、275 人、263 人，占比排第四位，为 5.68%。

5. 灵活就业总体增加，与公益性岗位就业相比人数在这三年间相当，先是有所增加后略有下降，但三年间总数从 238 人增加到 253 人。占比排第五位，为 5.46%。

6. 辅助性就业略增，三年内数量基本持平，从 2016 年的 220 人略增到 2018 年的 226 人。占比排第六位，为 4.88%。

7. 个体就业占比为 1.25%，从 2017—2018 年略有增加：从 56 人到 58 人。

残疾人就业在新时期呈现出以集中就业为主、其他多种就业形式为补充的特性，这既有政府对残疾人就业的集中扶持政策的因素，更有残疾群体自身努力的因素。

四、不能忽视因病返贫的残疾人群体

上海市残联通过政府购买服务为残疾群体提供了较全面的精准的公共服务，尤其是针对残疾群体看病难、看病贵、就医难等突出问题，除为残疾人落实了特殊性的医疗保障和津贴外，还通过政府购买服务的形式为残疾群体购买了人身意外险、大重病保险和财产保险等补充商业保险，建立了既普惠又特殊的医疗保障体系。但还存在有部分特困群体因病返贫、因病致贫的短板，所以为提升政府购买服务的效率性、公平性和精准性，部分区残联委托专业人员和专业机构进行了调研，作为政府购买残疾人服务的依据。

事实上，在 2020 年财政部公布的《政府购买服务管理办法》中第三条规定：政府购买服务应当遵循"预算约束、以事定费"的原则。预算约束就是根据群体的需求，且真实合理的需求确定政府购买服务项目的金额，这势必要求预算约束，调研先行。办法充分规定并鼓励政策购买调研先行、预算管理的方式。这和残联曾经开展的调研项目在政策

上是吻合的，是科学的。

（一）调查方法

调查研究方法大致有三种，分别为个案访谈法、小组座谈法和抽样问卷法。

1. 个案访谈法：个案访谈法通常设法了解研究者感兴趣的特定个案在一段时间内的所有事情。这类研究广泛收集有关资料，详细了解、整理和分析研究对象产生与发展的过程、内在与外在因素及其相互关系，以形成对有关问题深入全面的认识和结论。个案访谈通常无法概括出适用于其他类似情境的规律。不过，这种研究方法能够提出很多观点和洞见，在此基础上，如能利用其他方法继续进行调查，可以得出概括性的结果。

2. 小组座谈法：小组座谈是由社工或者督导以单独或小组集体与被调查者交谈的方式，督导负责组织讨论。小组座谈法是一种定性研究方法。它的主要目的是通过倾听一组从调研者所要研究的目标群体中选择的被调查者的需求，从而获取对一些有关问题的深入了解。比起便捷的个人访谈或者问卷调查，小组座谈法是一种更为真实可信的方法。这种方法的价值在于常常可以从自由进行的小组讨论中得到一些意想不到的内容。

3. 抽样问卷法：抽样调查是从调查对象总体中抽选出部分样本，以这部分样本作为对象实施的调查，其结果可用于推论对象总体。在进行实地调查时，如果调查对象的范围较小，可进行全员调查。不过，在大众传播学研究中，调查对象往往面积大、范围广，通常采用抽样调查的方法。抽样调查会伴随着一定的样本误差，但经过一定的统计学修正和处理，其正确性一般认为不次于全员调查。因而学界有人认为抽样调

查的典型性最科学，一个典型的样本胜过 1000 个不典型的数据。根据
调研人员主观介入的情况，抽样方法可分为两种：一种是有意抽样，另
一种是随机抽样。有意抽样多用于事例研究或特殊题目的调查，而随机
抽样则是现代最普遍的方法。本调查采用随机抽样和有意抽样相结合的
方法。

调查地点为某区 5 个重点街镇，呈现多元分布，残疾等级为重度残
疾、中度残疾和轻度残疾；残疾类别为大病患者，包括肿瘤患者、慢性
病患者和重度残疾卧床患者。

（二）因病致贫和因病返贫类型

虽然医保体系整体取得初步成效，然而局部尚存因病致贫、因病返
贫人群，因病返贫大致分为三类：

1. 大病返贫案例

因病致贫的家庭中，大部分是因为有人患绝症、特重大疾病，需要
一次性支付大额医药费用。朱泾镇两户肺癌患者原本都是小康之家，因
患肺癌，年治疗费用需 30 余万。

枫泾镇的万华，54 岁，农村家庭，家里共同居住的有 3 口人：丈
夫、她和 75 岁的母亲。其女儿已出嫁，还育有一个 3 岁的儿子。她患
胰腺癌 5 年，2015 年手术，费用 3 万元，这尚且承受得起，但后续化疗
费、药费 10 万元加剧了经济压力。她原来做小生意，属于小康家庭，
患胰腺癌后，年治疗费用 10 多万。因患病，丈夫辞职照顾，夫妻依赖
低保救助金生活。

2. 慢性病致贫案例

贫困家庭成员中有身患特殊慢性疾病的，需长期用药，有时高额的
医疗费用导致家庭贫困。廊下镇谢华现年 43 岁，一户两残。原本是小

康之家,其姐姐长大嫁人后,父母考虑养老问题,就从外省招了一个上门女婿。婚后谢华夫妻恩爱,丈夫在一家国有企业上班,谢华则在一家私企工作,二人生有一子,现年 18 岁。不幸的是,6 年前的一天她突发脑出血,之后卧病在床,刚开始时浑身无力,一点也动弹不得,家里为此专门买了一台多功能室内踏步机,后在母亲和丈夫的悉心照顾下,每天坚持康复锻炼。丈夫白天上班,白天则由母亲照顾。这个病本来就使得家庭陷入困境,但祸不单行,就在 3 年前的一天,谢华父亲也脑出血发作,瘫痪卧床。这一下使得整个家庭几乎陷入绝境。谢华和父亲两个病人卧床,两人的日常起居让母亲身心俱疲。

3. 重度残疾致贫案例

绝大部分重度残疾人由于丧失劳动能力需要长期就医用药和专人陪护,导致家庭致贫现象比较普遍。廊下镇 44 岁的阿兵夫妻双双在工厂打工,家住农村,有自己的房子,原本是小康之家,但 7 年前的一场车祸,迅速打破了这个家庭的小康梦。车祸中,阿兵因脑部受伤住院治疗,虽然经过多方努力康复出院,还是留下了后遗症,时不时会癫痫发作,言语不清。之后这个家庭开始了漫长的康复训练和治疗,家里的顶梁柱倒下了,阿兵这 7 年几乎都在看病或去看病的路上,为陪护阿兵,他妻子也辞了服装厂的工作,这个家的收入一下子归零,只能靠低保度日。

(三) 残疾群体基本家庭现状

1. 低保、低收入群体大幅减少,中等收入者居多

2018 年数据显示,低收入残疾群体 3722 人,占残疾人总人数的 21%;其中低于低收入者的边缘家庭数量少,仅为 206 人,占比 2.45%,低于低保标准者 1521 人,占比 17.22%;大多残疾家庭达到全

国中产收入标准。这归因于上海市的政策推动、残联的政策落实、残疾群体的广泛参与、专业社会组织的深度介入。全国贫困群体因病致贫还有 4000 多万人，残疾人家庭收入则多为中位数，基本达到全国中产阶层收入标准。

2. 家庭基本稳定，离婚比例低

各项福利补贴和社会保障制度及补充医疗商业保险促进了残疾家庭的稳定、婚姻的稳定，减轻了家庭的经济负担。残疾人已婚比例 71.77%，丧偶比例 8.42%，离婚比例 5.68%，离婚率远远低于全国 38%的离婚率，更远低于上海市的 43.61%离婚率。[①]

3. 基本医疗保障和补充商业保险全覆盖

问卷调查和个案访谈显示，90%的患者家庭对医疗保障和商业保险比较满意，认为缓解了家庭经济负担，但还有部分成员患重大疾病的家庭所需进口药不在医保报销目录，也存在因病返贫现象。

4. 子女上大学学费免费

在走访的这些家庭中有 20%的家庭有子女在上大学或即将参加高考，他们均表示上大学的学费完全由残联系统支付。

（四）致贫返贫因素

1. 医疗隐形支出较大

一方面现代医疗技术的发展，医疗成本大幅提升，导致家庭医疗费用水涨船高；另一方面，街镇和村医疗机构医疗水平有限，不能满足群众就医需求，对一般常见病的检查治疗，群众首选区医院甚至市医院，特别是大病患者的就诊首选更是市区大型综合医院。医院级别越高，住

---

① 全国离婚率数据来源于民政部官方网站的 2018 年数据。

院"起付线"越高，医疗收费越高，这也直接提高了医疗成本。以肺癌患者为例，一般手术、住院费用为5万元左右，化疗费用平均一个疗程至少3000元，一月为一个疗程，一年也需要约4万元。因家庭成员身患重大疾病，在治疗期间需要家人照顾护理，其生活费、住宿费、交通费等费用支出相当大。部分重症患者还因久治不愈，需要长期维持治疗，所以相关费用同步增长。往往一人患病，全家受累。尤其是中青年患病者，一人患病，配偶必然辞职在家长年照顾，若夫妻感情好，患者康复效果也好，若夫妻感情不好，因此而离婚的现象也有。

2. 大病报销比例低

医疗保险和补充医疗商业保险重在基本用药、基本治疗、基本支付，大大减轻了患者的医疗费用负担，某些大病医疗费用实际报销比例虽然高，但自付部分巨大数额对患者仍然是一大负担。一方面，抗癌药纳入医保不等同于全部报销，个人自付费用仍然较高。在当前情况下，按照癌症平均治疗费用10万~30万元计算①，即使抗癌药纳入医保，个人承担的平均费用也将达到4万~10万元，已接近或超过中国家庭平均年收入。越是大病、越是在高一级医院就诊，其医疗费用报销比例越低。调查中随机抽取10户大病住院救助申报资料，报销费用占医疗总费用的45.8%，自付费用和非合规费用占比很高。

3. 就业质量有待提高

"一人患病，全家受累"的现象还局部存在。尤其是家庭主要劳动力患重大疾病，会让整个家庭失去生活支柱，失去经济来源。亭林镇陈奶奶体弱多病，儿子、儿媳相继去世，更不幸的是孙子就业不稳定，且前几年理财失败，拖欠银行贷款，孙子一方面需要照料年迈祖母，另一

---

① 数据来源：以"中国城市癌症早诊早治项目卫生经济学评价工作组"关于目前中国癌症患者疾病负担的相关研究成果，以乙类药物40%自付比例测算。

方面还要挣钱养家，他也已经结婚生子，且有两个孩子，分别上幼儿园和小学，夫妻两个都打零工，家庭收入不稳定。

4. 防病常识、意识淡薄

关于医疗政策有三种情况需要说明，一是慢性病患者常年服药需要报销的，对各类报销政策非常熟悉，也很关心自付比例。二是患大病如癌症肿瘤的患者家庭不了解也不需要关心各类保险政策，因为所需要的药都是进口的昂贵药品，不在医保和补充商业保险报销之列。三是政策完善，助残员服务到位，患者家属懒得操心，能报销的都报销，不能报销的也懒得操心，这类也是慢性或轻度患者。医药费开支很少，几乎可以忽略不计。

防病常识缺乏，有的居住环境差，防病意识也不强；有的生活方式不健康；有的就医或常规体检，发现心脑血管类疾病，不听医生建议不改正不良习惯；有的认为"一体检就有病，不体检就没病"，不能很好地认识体检和疾病预防的重要性，最终小病成大病，大病致贫困。

5. 部分家庭关爱缺失

家和万事兴，贫贱夫妻百事哀，疾病贫困和家庭矛盾似乎陷入一个怪圈。疾病导致贫困，贫困又导致家庭不和，家庭不和又反过来影响疗效。有的患者家庭和睦，心情愉快，面对疾病能够理性面对，心情好，身体康复效果好，如枫泾阿华面对胰腺癌不放弃、家庭不离弃，面色红润有光泽，看上去年轻很多；而有的家庭夫妻感情不好，加上患病导致家庭不和甚至离婚，家庭不和又反过来加重心情抑郁，心情抑郁和生理疾病相互影响。同镇的王女士患肌萎缩症，和丈夫、儿子关系恶劣，心情不好，身体每况愈下。心里的痛苦和疾病的折磨双重夹击，身心俱疲。还有吕巷一个顾姓残疾人，患肺癌，手术后在家休养。先前曾经营企业，有一些积蓄，但家庭不和，离婚又结婚，前任妻子和他生有一女，离婚后由前妻抚养，但需要支付女儿抚养费；再婚后，第二任妻子带来一子，后妻子患癌症去世，继子不学无术，虽结婚成家，但儿子儿媳均吃低保，孙子读小学。顾老每年都要接济继子一家。老本逐渐减少，看病护理支出费用越来越高。

6. 医疗保障和补充商业保险体系衔接不足

理想的医疗保障政策体系需要平衡政府、家庭和保险公司的三方利益：政府保基本，保险公司为补充，家庭保发展。发达国家的医疗保障体系的教训是全民社会保障，虽然能够保障从摇篮到坟墓，但过高的财政支出会透支经济发展的活力，而过低的医疗保障支出则会导致社会不稳定。当前，据对三家保险公司的满意度调查，几乎所有的患者家庭都认为其保额低、报销比例低、理赔慢，而保险公司则持相反观点，认为残疾人群体是高风险群体，保险赔付成本高、公司的经济收益低、社会责任高。其中一家保险公司认为过高的赔付率压缩了公司的利润空间，甚至会亏损。比起一些发达国家的保险公司，人人购买商业保险，已经形成了全社会的习惯。但在我国才刚刚起步。在当前政府财政支出压力过大、残疾人家庭医疗费支出过大、保险公司赔付率过高的困境下，需要进行结构性调整，重新研究残疾家庭、政府和保险公司三者的边界和分担比例，寻求三方的平衡点才能取得共赢。

家庭中的基本保障功能在弱化，在家庭关系中存在家庭角色错位的情况，传统文化中观念是养儿防老、父慈子孝，子孝胜于父慈，而现在角色完全颠倒，父慈子不孝，甚至父子角色倒置。

好政策容易被钻空子，如为帮助稳定残疾人士的两地分居的户籍隔离现状，上海市出台特殊优惠政策，凡是结婚 5 年的可以随配偶迁入，比普通人早 5 年。这反而导致"5 年期"成了残疾家庭的离婚转折点。访谈中发现部分残疾人家庭离婚导致的心理情绪伤害远远超过疾病伤害。

第三节　残疾人就业：开放型世界的机遇和挑战

近年来，为解决残疾人就业数量和质量，上海市政府通过政府购买服务形式，提供专业技术培训补贴、无障碍设施补贴、残疾人工作餐饮补贴、残疾人安全生产保障补贴等各种形式的补贴，鼓励合作社吸纳残疾人就业，2017 年以来，上海市政府把"帮扶农村困难残疾人劳动增收"作为重大项目之一，政策鼓励和合作社努力、残疾人自身尽力，取得了多方共赢，截至 2019 年 12 月，某区共有 28 家扶残涉农经济组织通过审批并挂牌（其中有 1 家扶残涉农经济组织因合作社法人身体状况的原因于 2019 年 7 月底退出该项目），共计帮扶残疾人 761 人，帮助残疾人增收 6，541，157 元。合作社发展由规模数量型向集约质量型转变。①

一、残疾人就业从数量规模型向就业质量型转变

帮扶残疾人就业，助力农村合作社发展，实现残疾人就业和合作社发展的多赢是残疾人政策帮扶的目标。残疾人就业质量和数量集中体现在合作社吸纳残疾人就业的数量和质量上。

---

① 上述数据由上海市某区残联和上海市某区合作社提供。

表 3.2　2018—2019 年扶残涉农经济组织帮扶残疾人情况

年份 签订形式	帮扶残疾人人数（人）				残疾人增收合计（元）			
	签订劳动合同	签订劳务协议	签订联动服务协议	合计	签订劳动合同	签订劳务协议	签订联动服务协议	合计
2018	17	659	228	904	656,332	4,782,576.5	897,396	6,336,304.5
2019	23	706	32	761	1,035,467	5,293,068	122,622	6,451,157
同比增加（+）或减少（-）	+6	+47	-196	-143	+379,135	+510,491.5	-774774	114,852.5

资料来源：上海市某区 2019 年残联大数据。

从表 3.2 可知，2019 年帮扶残疾人就业数相比于 2018 年，总人数减少了 143 人，主要系签订联动服务协议数量减少，而签订劳动合同和劳务协议数量均有增加。这与结构性就业变动有关，传统小农经济让位于农业产业化的现代农业经济，残疾人就业质量增加。其中：2019 年签订劳动合同人数 23 人，比 2018 年增加 6 人，占总就业人数的 3%；签订劳务协议人数 706 人，比 2018 年增加 47 人，占比 92.8%。签订联动服务协议人数 32 人，比 2018 年减少 196 人，占比 4.2%。相较于 2018 年，2019 年合作社总帮扶残疾人增收 114，852.5 元，在总帮扶人数减少的背景下，扶残涉农经济组织在帮扶残疾人增收方面取得明显成效：签订劳动合同者收入增加 379，135 元；签订劳务协议者收入增加 510，491.5 元；签订联动服务协议者收入减少 774，774 元。

二、合作社劳动收入补贴有实质性增长

从表 3.3 可知，2019 年区 28 家扶残涉农经济组织共计获得补贴 6，235，771.4 元，相较于 2018 年增加 245，065.3 元。与 2018 年相比，2019 年帮扶残疾人劳动收入在各项指标上都有增加，扶残涉农经济组织资金使用合乎规范。其中：劳动补贴增加 410,502 元；联动服务补贴减少 377,600 元；社会保险费补贴增加 105,543.3 元；午餐费补贴增加 72,950 元；设施设备维护费补贴增加 20,000 元；商业保险费补贴增加 3,760 元；农业技术指导服务费补贴增加 10,000 元。

表 3.3　2018—2019 年某区扶残涉农经济组织申请补贴（单位：元）情况

具体项目名称	劳动补贴	联动服务补贴	社会保险费补贴	午餐费补贴	设施设备维护费补贴	商业保险费补贴	农业技术指导服务补贴	合计
2018	3,321,438	516,000	311,478.1	1,013,550	520,000	48,240	260,000	5,990,706.1
2019	3,731,940	138,400	416,931.4	1,086,500	540,000	52,000	270,000	6,235,771.4
同比增加（+）或减少（−）	+410,502	−377,600	+105,543.3	+72,950	+20,000	+3,760	+10,000	245,065.3

资料来源：上海市某区 2019 年残联大数据。

三、合作社经济效益、社会效益稳步提高

结合合作社财务报表来看（如表 3.4），合作社经济效益具备以下几个特点：资产负债率均在 60% 以下，资产负债处于合理水平；资产结构中，固定资产占相当大的比重，最高接近 80%；负债结构中，短期负债是其主要构成，甚至达到 100%；利润水平较高，总体稳定，上海某水稻生产专业合作社和上海某果蔬专业合作社利润率分别为 48%、25%，但主要是其他收入（补贴收入）支撑。很多农业合作社负责人表示，农业合作社的长期发展还需要靠其他行业反哺。

表 3.4 上海市合作社财务报表

合作社名称	资产合计（单位：万元）	负债合计（单位：万元）	资产负债率	短期负债（单位：万元）	固定资产（单位：万元）	销售收入（单位：万元）	净利润（单位：万元）	利润率
上海某食用菌专业合作社	483	140	29%	140	114	202	4	2%
上海某瓜果专业合作社	47	10	21%	0	36	139	9	6%
上海某水稻种植专业合作社	185	81	44%	0	0	71	34	48%
上海某果业种植专业合作社	527	280	53%	280	345	313	−14	−4%
上海某果蔬专业合作社	246	131	53%	65	194	285	72	25%

资料来源：上海市某区 2019 年残联大数据。

四、双循环背景下农业合作社的机遇

新冠疫情以来，我国疫情管控较好，复工、复产较快，国内粮食蔬菜市场趋于稳定，中国改革开放继续向纵深发展，国内国际双循环生产和消费大格局初步形成，粮食生产消费作为刚需成为我国农业生产消费和粮食安全的指针，对国家的市场生产和消费举足轻重。结合 2020 年上半年进出口贸易数据进行分析，农业合作社机遇大于挑战。

（一）粮食净进口大国

中华人民共和国成立 70 多年来，我国粮食进口数量由国家计划严格控制，从 20 世纪 90 年代开始，我国的主要粮食进口改为配额管理、限量登记，我国已经成为全球最大粮食净进口国，大豆是进口最多的粮食品种。根据《农产品进口关税配额管理暂行办法》，国家发展和改革委员会制定了 2021 年粮食进口关税配额申请和分配细则，2021 年粮食进口关税配额总量为：小麦 963.6 万吨，其中 90% 为国有贸易配额；玉米 720 万吨，其中 60% 为国有贸易配额；大米 532 吨，其中 50% 为国有贸易配额。①

结合中国稻米进出口情况看，我国 2020 年 8 月大米进口量为 13.29 万吨，进口量环比减少 8.26%，进口量同比增长 6.77%；1—8 月累计进口大米 149.85 万吨，累计进口量同比减少 1.57%；出口 136 万吨，减少 7.4%。② 稻米进口量大于出口量，说明总体上国内大米生产和消费基本平衡，但进口略大于出口，而作为大米消费大市场之一的上海，人们对大米的质量需求越来越高，为上海市稻米生产合作社提供了潜在的市场消费前景。

（二）蔬菜、水果等鲜活农产品出口大于进口

2020 年，蔬菜出口额为 71.5 亿美元，同比减少 1.0%；进口额为 5.3 亿美元，增加 11.2%；贸易顺差 66.2 亿美元。而水果出口额为 29.9 亿美元，同比增加 21.0%；进口额为 66.7 亿美元，增加 11.6%；贸易逆差 36.8 亿美元，增加 5.0%。③

总体来说，蔬菜生产和消费的挑战大于机遇，合作社需要在蔬菜生产的特色和品牌层面下大功夫，提高蔬菜的质量和安全性。水果生产则

---

① 农业财富网.2021 年粮食进口配额公布，谁最多？［EB/OL］.21 世纪经济报道，2020-09-18.

② 沈震.2020 年 8 月稻米进出口分析［EB/OL］.搜狐网，2020-9-28.

③ 前瞻产业研究院.2020 年中国蔬菜进出口现状分析［EB/OL］.前瞻网，2020-09-28；2020 年上半年我国农产品进出口情况［EB/OL］.中华人民共和国农业农村部官网，2020-09-03.

是机遇大于挑战，进口量大，意味着水果的高质量需求较大，国内水果生产的高质量将是一个长期发展趋势。

（三）畜产品进口大于出口

畜产品进口 240 亿美元，同比增加 43.4%；出口 26.4 亿美元，同比减少 18.1%；贸易逆差 213.6 亿美元，增加 58.1%；其中猪肉进口 207.4 万吨，增加 1.5 倍；猪杂碎进口 70.6 万吨；牛肉进口 99.7 万吨，增加 42.9%；羊肉进口 20.6 万吨，减少 4.4%。

对合作社养殖业发展而言，机遇大于挑战，尤其是牛羊肉和猪肉作为刚性食品支出，是人们日常生活中的必需品，进口大于出口，说明国内生产满足不了国内需求，这对以羊养殖加工为主业的合作社市场来说是机遇大于挑战。

五、人力总量供给短缺，专业性人才需求旺盛

合作社面临人力总量短缺的困境和结构性需求旺盛并存的局面，具体表现为以下两方面。

（一）合作社就业从非技术领域向专业技术领域转型

高龄化残疾人比例稳步上升，但合作社工作人员总量短缺情况越来越严重。近年来上海老龄人口比例逐年上升，高龄老人比例逐年增高。照顾任务量越来越大，服务从业人员总量越来越短缺。合作社的从业人员有两类：一类是技术人员，另一类是非技术人员。残疾人就业主要在非技术领域，从事一些简单的轻体力工作，比如割草、打扫卫生、清理树叶、平整土地等，且大多数工作一周工作一至两天；有个别的残疾人从事管理工作或质量检测工作。总体上人员短缺的困境短期内难以解决。

（二）降低培训门槛，就业培训从高难度向低难度转变

当前残疾人就业和合作社就业存在结构性困境，老年从业者年龄越来越大，比例越来越高；年轻从业者越来越少，比例越来越低。结构性问题越来越突出。从合作社的就业残疾人群体来看，其具有以下这些特点：就业总量稳定，但略有下降；就业者年龄普遍偏大，残疾就业者普遍在 50~60 岁；就业质量普遍不高，技术含量低；大龄残疾就业者处在夹心层，大多上有老下有小；身体普遍不好，多病，好多从业者身体不如高龄父代或母代。在某合作社工作的几位阿姨说，他们的父母都90 高龄了，且身体健康，自己有儿子还没成家，身体不好，压力较大。

鉴于就业年龄大、残疾人从业者供不应求，残疾人成了各合作社争相竞争的香饽饽，从而导致部分合作社恶性竞争，使得残疾人在合作社之间流动性加强。如某果业的葡萄枝裁剪专业技术普通化降低了残疾人培训学习的高门槛，为残疾人高质量就业开辟了一条新路径。

第四节　残疾社会工作本土化

社区工作方法是基于残疾人的民生政策导向、生活需求导向和专业服务导向三方结合的结果。这三方面的有机结合创造性地发展出三种本土化社区服务模式：居家照顾模式、康复护理模式、就业服务模式。这三种模式则有机融合了社会工作三大专业方法：个案方法、小组方法和社区方法。这三种模式三大方法既彼此独立又相互融合，既具有政策导向，又具有专业导向，更具有本土生活导向。在政府购买残疾人服务进程中，残联和民政为主要的购买主体，新启航作为专业组织以项目化运

作、社会化经营模式承接了残疾人居家照顾项目；维夷护理中心承接了医疗护理、康复训练等专业服务项目；本地合作社承接了残疾人就业服务项目；专业培训机构承接了残疾人技术培训、增能和残疾人就业管理服务项目。居家照顾、康复护理、合作社就业和就业技能培训在政府购买服务过程中有机结合、相互竞争。

一、社区方法本土化

本土化要求根据本社区的残疾人具体需求，采用社区方法提供居家照护、心理慰藉、文化服务。具体到本社区以专业社会工作的"助人自助"为服务理念，以家庭服务为根本，关怀照顾残疾人家庭；以个案方法、小组方法和社区方法为手段，结合残疾人家庭的具体需求，提供综合性的个案服务、小组服务和社区服务，满足残疾群体的居家照顾需求。

（一）个案服务精细化

服务精细化的前提是为每个残疾人家庭建立完整的档案材料，一人一卡，一人一档，实现服务对象全覆盖。本承接实施项目的社会组织，为本土重度残疾人中的 200 多人建立了服务档案。因为残疾人的动态性调整需要及时更新相关数据，该组织花费大量时间和人力，通过近千次的入户走访、近百次电话询访与特殊情况的处理、200 多位服务人员的夏季清凉慰问，还有为数百残疾家庭的送温暖活动，为建立有效信息档案提供了第一手资料，实现了电子、文本档案的一体化，实时建档率 100%。

（二）日常照顾一对一服务

重点解决残疾群体的日常起居，如卫生、洗衣、烧饭等问题，这些在普通人看来的"小事"，对某些重症残疾群体来说比登天还难。为此，该组织在全区范围内组建了一支230多人的居家服务团队，为1000多位残疾人提供一对一的上门服务。中间还有电话沟通2000多次，基本实现全天候服务，做到服务不间断，时间不间断。

（三）心理咨询面对面

重点针对心理问题严重患者，定期组织专业心理咨询师上门聊天，减缓心理压力。为解决残疾人情绪低落的问题，缓解其巨大的心理压力，8名心理咨询师组成专业心理咨询服务团队，为有心理障碍与情绪问题的残疾人进行一对一心理帮扶。

（四）送戏到家心贴心

在前期调研过程中，新启航工作人员发现，部分重残人员长期坐轮椅或者卧床不起，生活空间受到限制，精神文化生活需求得不到满足。2019年创新服务内容，上半年由区文化馆故事创作员胡林森整理创作切合残疾人生活变化的小品故事，邀请农民快板表演家吕亚金和上海说唱能手沈金玉参与"送戏到家"活动，打开残疾人与外界隔绝的大门，丰富其精神文化生活。

（五）团队管理科学化

俗话说得好，一个人走得快，但走不远，而三个人不一定走得很快，但一定走得远。团队协作很重要，但有时也会遇到"三个和尚没水喝"的窘境，如何避免三个和尚没水喝，如何达到"三个臭皮匠，顶个诸葛亮"的团队效果，是社工组织面临的一个主要挑战。负责人程国珍老师因地制宜，发展了一个以管理团队为核心、外围服务团队为支撑的管理服务体系，构建了管理、服务、外联三个团队，还组建了以残疾人家庭成员为主的委员会，及时反馈服务成效和存在的短板。该组织共有项目管理团队 13 人、家庭委员会 12 人、表演团队 10 人、心理咨询团队 8 人。其中最具特色的是残疾人家庭委员会的组建，从残疾人群体家庭中筛选出有爱心、有一定知识、有一定协调组织能力的人员组成家庭服务管理委员会。

（六）专业服务属地化

服务人员以就近为原则，借鉴社会工作的"睦邻运动"模式，用好邻居关系；让邻居服务邻居，让乡亲服务乡亲，签约 262 位服务人员提供基础日常照顾服务，完成上岗签约率 100%。协议内容明确了家务料理、生活护理、心理安慰等服务项目及服务要求，在明确责任的同时，也满足了重残人员的实际需求，强化了服务人员的法律意识、责任意识、安全意识。为全区 200 多名重残无业居家养护服务人员进行了服务的基本礼仪、日常护理知识及心理疏导技能等专题培训，既为服务人员提供了一个技能学习的平台，又为提升居家养护管理、服务质量打下了坚实基础。

二、团队方法本土化

残疾人服务需要以团队、小组的形式进行，本土化的方法不是提供单一服务，而是把医疗护理、康复训练、康复指导综合化、专业化。残疾人社会工作不同于一般的残疾人服务，它专指在社会福利制度框架下，社会工作者秉承利他主义的宗旨，运用社会工作专业知识和方法，帮助残疾人进行能力建设并克服自身缺陷的局限性，构建社会性支持系统并克服各种环境障碍，使得残疾人能够全面融入社会生活并提升整体社会生活质量的专业活动。残疾人因为存在与"健全人"不同的特征，不仅社会对他们有异样的眼光，而且往往其自我认知也比较消极，将自己隔离在社会生活之外。当社会工作者"走进去"时，残疾人通常作为被动接受者，难以实现残疾人回归社会的最终目标。因此，对残疾人社会工作来说，采取有效的方式让残疾人"走出来"，才能从本质上促进残疾人自身主动融入社会生活。这种促进残疾人"走出来"的方式就是小组工作。

（一）康复护理一对一

针对个案需求多样化，某区医疗护理组织采取医疗护理的专业人员提供"一对一"康复护理服务方式。重残伤友上门评估以及居家医疗护理服务，主要包括上门测量血压，测量 T（体温）、P（脉搏）、R（呼吸），健康宣教，给予按摩球锻炼，翻身、拍背和压疮护理。根据重度残疾家庭的需要，每周提供一对一上门医疗护理服务。

（二）康复指导面对面

授人以鱼不如授人以渔，该医疗护理组织除直接提供医疗康复服务外，还指导有能力的残疾家庭学习日常康复训练知识和技巧，提供一对一的康复用药指导、医药知识普及指导，康复器具使用和训练。对全区45位残疾人进行上门服务面对面指导1608次。经过专业人员的康复指导，有20余人在生活自理能力、心理方面有不同程度的改善。

（三）团体服务心连心

该医疗护理团队集医疗康复、主题活动和小组交流为一体，开展残疾人群体"走出家门、融入社区"活动，月度活动包括看电影、手工DIY、野外郊游、轮椅技能应用、为当月过生日的伤友送上生日蛋糕等，每月活动参加人数达到二三十人。每季度带上爱心礼品上门进行健康与康复指导服务，通过家庭走访让工作人员更多地了解每一个伤友情况，实现精细化服务。每半年一次小组活动，通过小群体交流、分享，更多地了解伤友的意愿。"希望之家"迎春联欢暨总结活动，整合社会资源，让更多的企业、团体、个人关爱伤友群体。

三、就业培训、机会推荐和就业服务一体化

培训以合作社培训为主，残疾人劳动服务所集中培训为辅。集中培训主要培训补贴政策和合作社资格条件认证，合作社培训主要以具体的农业种植技术为主。

（一）就业培训接地气

针对残疾人的就业需求，定期调查残疾人的需求变化，将大数据和专业调查方法相结合，将问卷调查和入户访谈相结合，了解有就业能力残疾群体的真实需求，因材施教，因地制宜。目前就业市场面临结构性矛盾问题：一是劳动力供给减少，企业需求上升导致劳动力就业难大为缓解。二是残疾人平稳增长，具有一定劳动能力的有就业意愿的却逐年下降。三是有就业意愿、就业需求的残疾人士集中在技能培训需求方面。目前就业扶贫帮扶力度最大的是职业技能培训，为802人；其他帮扶次之，为371人；再是农村实用技术培训，为347人，职业介绍为282人，资金信贷扶持只有1人。

（二）机会推荐零距离

某区残联为残疾人和农业合作社牵线搭桥，实行无缝对接的就业机会推荐。合作社根据需求，为291人进行职业技能培训；为230人进行

农村实用技术培训；为 112 人进行职业介绍；为 4 人提供资金信贷扶持。具体采取双向选择，自由组合。2019 年合作社就业人数 764 人，比 2018 年的 904 人少 140 人，这是因为残疾人老年化比例提高和就业年龄限制两个因素所致，但就业质量高于 2018 年，具体表现为签订劳动合同人数比 2018 年增加 7 人。劳动合同是残疾人有社会保障的正规就业形式之一；同时，签订劳务合同的人数增加较多，达到 47 人，这是就业比例最大的就业形式；签订联动服务协议的人数下降幅度最大，同比下降 194 人，这是近年来专业合作社发展强劲、农村个体户农业就业人数减少的结果。

（三）就业培训服务人性化

在推荐就业后，根据就业残疾群体的个性发展需求，实行个性化、多样化技术培训。随着时代的发展、科学技术的进步，更多的残疾人有获得更好的职业发展的可能，实现自己的价值。其中，农业养殖类、计算机类、烹饪面点类的需求量排名靠前，有 51、51、28 人。手工类 21 人；社会生活服务类 17 人；服装类、维修类 15 人；制造类 14 人；创业培训类 13 人；设计类 5 人；互联网商务运营类、财务会计类 4 人；按摩医疗类、美容美发美甲类 3 人；文化创意类、人力资源服务类 2 人；其他类 121 人。这类就业培训大多是通过政府购买服务的形式为残疾人提供免费就业培训。基本上满足了残疾群体的个性化就业需求。①

---

①　本节涉及合作社及就业数据来源于上海市某区残联的大数据平台。

第四章 残疾人社会工作实务案例

社会工作者在帮扶残疾人家庭中采取科学分类、精准救助的策略，最大限度地提高帮扶成效，最小限度地节约资金。对无能力的重残家庭实施居家照顾，对心理问题严重的家庭实施心理安慰，对有工作潜能的家庭实施就业扶持。针对不同家庭实施不同策略，取得了些许成效。

第一节 社工协助阿春圆梦

多年之前一场突发性疾病打乱了阿春的工作和生活节奏。像正常人一样生活、工作，像正常人一样拥有一个小家庭过正常的夫妻生活，像正常人一样养老育儿成为阿春最大的愿望。可是现在，结构性失业、因病致贫和渴望婚姻三重压力使得阿春喘不过气来，社工在2020年7月的某天，来到阿春家，阿春是百家村人，家里住房宽敞，两层小房，上海市郊区典型住宅。如果不是患病应该称得上是小康之家。房前屋后，绿树成荫，农家院落错落有致，家养鸡鸭少许，三分自留地种些蔬菜，算得上"采菊东篱下，悠然见南山"的田园生活。

阿春今年 39 岁，一家 4 口，和父母、儿子居住在一起，两次离婚，儿子 15 岁上初一。这是一个三代同堂的家庭，和一般城市的夫妻核心家庭不同，阿春是家里的顶梁柱，正年富力强，上有老，下有小，本应该照顾父母和儿子，现在却被父母照顾，在儿子学习和生活中也尽不到应尽的责任。

一、意外来袭

在访谈过程中，阿春介绍自己患先天性血管瘤，这个疾病隐蔽性强、危害性大，一直没被发现。直到 5 年前脑出血发作导致身体偏瘫，右手和下肢丧失活动能力。在初期的治疗阶段，他接受不了这个现实，尤其是医生告诉他，他可能永远不能再站起来了，最好的结果只是能坐起来。那段时间他整晚睡不着觉，苦闷、彷徨，有时愤怒，有时绝望。更何况治疗需要一大笔钱，这令小康之家返贫回到原点，甚至比原来更差。

阿春的婚姻生活也是波折不断。说起第一段婚姻，阿春对前妻有点小埋怨。据阿春介绍，他经历过两次婚姻，每一次婚姻都留下一段尘封的记忆和一些难以愈合的伤痛。第一任妻子是本地人，两人结婚 5 年，生育一男孩，起初感情还好，后因一些琐事离婚。据助残员说阿春前妻因赌博欠下一些债务，使得本来的小康之家陷入窘境，离婚后前妻从未来看过孩子，抚养费也从不尽责，居无定所，四处漂泊，和阿春偶有联系。离婚前阿春还在闵行区一家工厂打工，月薪 5000 元到 6000 元，在当时也不差，福利待遇都不错。单位距离家稍微有点远，为照顾年幼的孩子，他换了一个离家近的工作，到高新区的一家工厂上班，后来实在忍受不了前妻的恶习，尤其是对儿子不闻不问，两人便劳燕分飞，谈起这段婚姻，阿春没有任何遗憾，但也有那么一点埋怨，儿子在一个缺乏母爱的家庭中长大，多多少少会对未来生活有影响。如果前妻能时常看看孩子也许会更好一些。这次访谈，没看到阿春的儿子，他当时正在学校读书，已经读初三，正在为来年中考做准备。

阿春是幸运的，生活在一个好时代，离婚后的阿春一直在努力工作，养家糊口，他当时唯一的想法就是好好工作，好好挣钱，把儿子培养成才。当然，他也有重新成家的想法，只是对婚姻没抱太大希望，有时候希望越大，失望越大，据阿春说，他毕竟一个人带孩子太累，经常需要父母帮助接送，但父母年岁已高，而且家庭夫妻生活是每个人的正常需要，他还是想寻找一个情感伴侣、心灵朋友。

阿春的第二任妻子是一个从外地来上海打工的离异女子，带着一个男孩（10 岁左右）。两人在工作中偶遇，惺惺相惜，同病相怜，一见钟情，阿春如果不是突发疾病，高大、阳光、帅气，绝对是女孩子心中的男神。两人很快结婚，婚后他和第二任妻子还是过了一段美好生活。据阿春说，他和第二任妻子还是情投意合的，偶尔也会为孩子的事情争吵，不过小吵怡情，就像在平静的湖面激起一点浪花会使得生活更有情趣一样。但后来导致他们两个离婚的，正是这些平时有趣的小浪花。关于两人各自儿子的抚养、读书等问题就在阿春的病情来临时，小浪花泛成了滔天巨浪。社工问，如果仅仅因为孩子的抚养和教育就一定会导致离婚吗？阿春说不知道，也许根本原因是那一场突如其来的病。这场病与孩子的抚养读书相比可不是小浪花，简直是生活中的滔天巨浪。

婚后一年，阿春脑出血发作，导致偏瘫。据母亲介绍，阿春刚开始发病时，根本坐不起来。后来在医院治疗，把家中不多的积蓄花光了。第二任妻子算是聪明又善良的，开始时对阿春不离不弃，照顾有加，任劳任怨，为解决巨额治疗费用，利用互联网平台，发起众筹，全家人齐上阵，纷纷转发信息，在爱心网友的协助下，短短数月筹资 30 万，才勉强交完住院费用和后续治疗费用。

家和万事兴是每个家庭的追求，贫贱夫妻百事哀则是不幸家庭的宿命，家庭是一个让人欢喜让人忧的场所。时代发展变化，传统习惯的影响力正在消减，离婚在过去是件难以说出口的丑事，而现在人们对离婚却越来越宽容。无论中外，离婚率在悄然上升，残疾人家庭的离婚率上升也不例外。残疾人家庭的离婚率是否高于普通人，似乎没有证据证明。阿春所在的社区，据大数据统计，残疾人中已婚有配偶的 12005人，占比 71.77%；未婚 2364 人，占比 14.13%；丧偶 1408 人，占比8.42%；离婚 950 人，占比 5.68%，这个比例则远低于上海市的平均离婚率。说明残疾人家庭比一般人家庭稳定。但大数据的背后是一个个幸福而又不幸的残疾家庭，这些不同的家庭既有相同的需求又有不同的诉求。大数据本身不会说话；但个体型残疾理论和社会型残疾理论给我们提供了不同的解决思路和方案。个体型残疾理论认为，残疾人残疾的根本原因在于残疾人本身，而不在社会，需要残疾人从自身做起，逐步适应社会；而社会型残疾理论告诉我们，残疾人自身没有问题，需要改变的不是残疾人，而是社会需要改变，是社会需要适应残疾人。

每每想起这些，阿春就流露出一丝愧疚和谢意，面对未来和无止境的康复费用，加上再婚家庭有两个男孩，将来孩子结婚是一笔不菲的开支，夫妻双方选择和平分手。但每次谈到第二任妻子，阿春有股说不出的滋味在心头，是感谢，还是愧疚，总之五味杂陈。

阿春向社工透露，他感谢妻子曾经的帮助，发起众筹，帮助阿春解决了很多困难，解了燃眉之急，也感谢那么多热心网友，那么多爱心人士，感谢这个好时代，如果没有互联网和微信，自己家无论如何也拿不出那么多钱来治病。有埋怨，也怨不得别人，只能怨老天爷不公平，突发的那个病，这可能是宿命吧。说到愧疚，可能是在自己最应该报答父母养育之恩的时候，在父母应该安度晚年的时候，自己患了病，反而让父母操碎了心，自己成为父母心中永远长不大的婴儿。

百家村和高桥村原来是两个村，后来行政改制，两村合并，人数3000多人，残疾人共有160多名。助残员吴老师从业多年，对村里每个残疾人情况如数家珍，工资虽然不多，但出于邻里乡亲之情，把这项工作做得有声有色。在吴老师的帮助下，阿春2017年评上了三级残疾，根据残联政策，可以享受各项残疾补贴2000多元，医药费全部报销，大大缓解了阿春家的经济负担。

阿春父母均属城镇保障，土地外包，2亩地，每亩年收入800元，退休金每人月均不到2000元。母亲有心脏病和其他老年病，温饱无忧，小康不足。阿春的儿子学习优异，如果能考上大学，根据残联的"春雨行动"计划，可以获得每年6000元学费补贴。

生活中有些日常琐事对一般人来说可能就是小事一桩，但对残疾人来说就是天大的难事。比如正常人的吃喝拉撒睡，一天一天平淡似水，但这对于阿春一家却像攀登高峰一样困难。阿春的父亲告诉社工，以前阿春没发病时候，家里一切如常，根本不存在需要别人帮忙打扫卫生、料理家务的情况，自从阿春发病后，才发现以前的一些家务琐事现在成为时刻压在他们身上的大山。

自从阿春患病后，重残居家养护项目把阿春纳入进来，由社会工作组织新启航派志愿者每天来打扫卫生、帮助家务1.5小时，因疫情原因中断了3个月，原来是每天1小时，现在改为每天1.5小时，到9月份恢复正常。原来残联一家社会组织还提供医疗康复护理服务，因疫情中断后，没再上门。但阿春充分利用互联网平台，加入了全国的康复正能量交流群，据介绍，他有好几个病友康复群，群里有大量的医疗护理康复知识。家中的康复器具轮椅都是残联依据专项补贴政策提供的，收益确实很大。新启航服务员的年龄大多在 40～50 岁，就近招募，多是乡里乡亲，非常敬业、认真。眼前在阿春家干活的服务员，都是一个村子的，如果说担忧，母亲有点担忧儿子将来能否恢复正常，万一他们百年之后，谁来照顾他们的儿子。和母亲的担忧不同的是，阿春除了担心自己站不起来，不能独立生活外，更担忧的是父母年老怎么办，父母目前身体状况已经不太好了，尤其是母亲患有一些老年慢性病，虽然目前还能照顾他，但将来父母更老了，走不动了，谁来照顾父母。

按照现有政策，阿春可以免费获取康复训练器具，家里康复训练设施基本健全，包括轮椅也是几乎免费获得，轮椅已经服役 4 年，有些老化，他想申请换一台新轮椅，只是按照残联政策还需再等一年才可以免费更换保养。

信息时代的大潮也影响着阿春的生活，为了能早日站起来，能自食其力，阿春在家经常上网，从微信里收集有关康复训练方面的知识和技能。他每天在群里非常活跃，学习了很多康复训练知识，这些知识都免费使用。他加入了十多个微信群，其中最重要的是"康复正能量"交流群。在群里他似乎找到了自己的"家"，大家同病相怜，惺惺相惜。

二、阿春的新烦恼

有时候越是在虚拟的世界中表现积极，在现实生活中越是容易消极，他总是想起当年参加工作时的"辉煌"，可母亲说他很少出门，也不愿意和家人沟通。助残员和志愿者每天过来帮助打扫卫生，有时候和阿春聊聊家长里短，稍微使他获得了一些安慰。但阿春对于骑电动三轮车出门的建议还是信心不足。最后，在助残员的建议下，他答应今年申请一个电动三轮车，一辆专用三轮车市场价 20000 元左右，他只需付

2000 元左右。2000 元的价格，对阿春家也算是不小的开支。

对于居家养护，阿春一家是满意的，但满意中还有那么一点点期待，阿春父亲悄悄地告诉社工，能否帮忙给换一个男服务员，自己年龄越来越大，照顾阿春越来越力不从心，如果能换一个男服务员，关键时候搭把手，尤其是在阿春每天解手的时候，前两年自己身体好，体力也强，根本不是问题，这两年越来越吃力了。

据本项目负责人小张介绍，目前的服务员、助残员配备已经达到最优组合了，这些助残员和服务员大多是邻里乡亲，不是特别在意工资和经济收入，他们大多已经 50 多岁，做事情很认真，但再过几年，他们陆续退休后，挑战会更大。年轻人根本不愿意干这行，就算有个别年轻人愿意干，工资待遇要求高很多，现在这些老服务员大多一个月 3000 元左右，年轻人没有 5000 元以上根本招不到人。至于阿春要求的男服务员一事，更是难上加难，本项目的从业人员 99% 是女性，男性比例仅占 1%。说到未来，小张有点忧虑，将来等这些现有的服务员退休后，这些项目会更难做：第一，年轻人不好招，没有足够的工资待遇根本不可能招到人，但项目的预算不可能给年轻人更高的工资。即使个别年轻人能来工作，他们的跳槽率很高，流动性太强。第二，这些老服务员都是乡里乡亲，哪家来了亲戚朋友哪家新添了一只小狗都一清二楚，如果换作新人，没有两到三年根本不可能熟悉情况。

三、同辈辅导："你才懂得我的心"

针对阿春家的新期望，助残员认为，困难可以理解，但服务员只能帮一部分忙，至于解手，还是要阿春和他爸爸共同解决。毕竟作为女性不便帮忙，最终还是要靠阿春自己，靠别人不如靠自己，最好的出路是阿春走出家门，多活动，多锻炼，慢慢康复，做到部分事情靠自己。助残员还认为，阿春的轮椅需求还得按照政策来，再等 1 年肯定给他更换。如果现在违反政策提前给他家配备新轮椅，可能会引起其他残疾人效仿，关键是那个旧轮椅还能用。社工认为，阿春家的最大困难就是他将来能否站起来，现在虽然不能帮他换男服务员，能否换有经验的同龄人且和阿春家有类似经历的同辈辅导他一家。没有类似经历的人做思想工作都是纸上谈兵。而社工结合大家的意见提出要鼓励阿春适度上网，走出家门，许多自媒体既是馅饼又是陷阱，尤其是阿春能否抵制住微信的诱惑。巧妹自告奋勇，表示愿意做阿春的心理工作。巧妹本身也经历过残疾患病的折磨，且家里有个女儿也是残疾，对残疾群体感同身受。由巧妹、助残员和服务人员组成联合小组，再次上门，为阿春提供心理辅导。

小组工作有三大经典模式：社会目标模式、治疗模式、互动模式。三种模式各有侧重点，社会目标强调个人和宏观社会系统的良性互动；治疗模式把小组作为治疗个人问题的手段和方法，关注的是个人心理康复和个人行为正常化；互动模式则既关注个人也关注环境。而同辈群体小组则是综合了社会目标模式、治疗模式和互动模式的方法、理念和技巧。同辈群体指两个以上具有地位相似、素质相当、价值观一致、行为规范趋同而发生相互交往的群体。成员一般具有某些共同经历、共同爱好、共同观点和共同心理。本案例的同辈群体大多是残疾成员，命运类似容易产生共鸣的这些家庭，在一起相互激励、相互帮助、相互分享信息，从而能够达成一些切实的目标。

巧妹、服务人员和助残员的共同努力，终于打开了阿春的心结，阿春答应以后走出家门，多和残疾朋友聊聊天，多参加一些集体康复活动。当社工再次联系阿春时，他非常感谢巧妹，也只有她才懂残疾人的心，他决定以后不再沉溺于微信，开始积极进行康复训练，至少做一个不给父母添麻烦的人。

四、效果和反思

（一）短期成效显著

同辈残疾人照顾残疾人，开展深度介入，上门谈话，组建家庭委员会，通过家庭委员会了解家庭个体的需求，还通过家庭委员会协助监管家庭护理员的工作。巧妹作为家庭委员会成员，对残疾家庭成员感同身受，有同情心和同理心。用社工的同情心、同理心为阿春提供心理辅导，加以专业心理咨询师的指导和社工的协助，初步疏通了阿春的抑郁心理，为鼓励阿春进一步走出家门融入社区奠定了基础。

助残员、服务人员就近原则是借鉴"睦邻运动"的社区工作模式在本土化实施的创新结果，更是传统中国文化远亲不如近邻的本土化文化发展的产物。

（二）中期挑战：需要各方合力

这个挑战对阿春一家来说：社会的支持和帮助、专业社工的辅导、居家护理等都是外部因素，根本的动力和源泉还需要个人的意志和毅力，每个人本身都还拥有无限的潜力，外界的支持、个人康复训练加上心理疏导，通过多方努力才能使得救助效果明显。

（三）远期挑战：需要自己努力

正如阿春的忧虑，父母百年后，自己还能不能自我照顾还是个未知数，这种忧虑也是本项目社工主管的忧虑，不需要10年，随着这批助残员、服务人员的退休，志愿者服务队伍青黄不接，即使找到年轻的服务人员，但经验的缺乏、乡情的不熟悉和工资待遇的要求对残疾人家庭、专业服务组织和政府的财政来说都是一个巨大压力。

第二节　阿强的"作家梦"：无心插柳柳成荫

阿强，上海某区人，40 岁，相貌普通，头老是直不起来。随着与之深谈，人们才会意识到"人不可貌相，海水不可斗量"的含义。据阿强介绍，他的"脑瘫"并非先天遗传，父母都是正常人。是他出生的时候，母亲难产，加上医生疏忽导致的脑瘫。他认为这是医疗事故。当年正是计划生育的紧要关头，因为他的特殊情况，政府为照顾他们家，特地批准二胎指标，之后他就有了一个妹妹，且妹妹很优秀，小学、大学、硕士、博士一路攻克下来。更令阿强自豪的是妹妹是哈佛大学的研究生，医科博士，目前在一家大医院做主任医师。而自己自小学习成绩一直名列前茅，直到高中，由于体育成绩不达标，当时大学录取还没有对残疾人的优惠政策，他只好选择读了一家中专学校，中专毕业后又面临着就业压力。自己身体不好，一直由父母照顾自己，心理压力很大。主要是医疗康复、就业需求等压力太大，有段时间曾沉迷于网络游戏不能自拔，和母亲的关系也急剧恶化，为此母亲特地到街镇求助。

一、社工试水：我们交个朋友

社工接到街道案例后，马上家访，对这户人家进行预估，并建立专业关系。

（一）问题诊断

重度肢体残疾，全身除双手外基本无力，双腿无法行走，需要依靠轮椅或拐杖。在生理层面，随着年龄的增长，他的身体机能和抵抗力越来越差，常感冒、咳嗽，并因身体不适而彻夜难眠，家中照顾者特别是母亲十几年如一日在身旁悉心照顾，随着阿强体重的增长，父母的照顾难度和压力越来越大。在心理层面，家人一直承受着陪伴阿强到学校读书遭受的歧视，包括在生活中邻里和其他旁观者投来的异样目光和议论的心理压力，同时阿强也认为别人看不起自己，因此不愿意过多与邻里或其他人深入交流，这导致阿强痛苦、自卑。社会支持理论认为人与环境中的正式与非正式系统相互作用，影响个人的发展，个人通过对社会资源的广泛利用可以改善目前的生活状况。协助服务对象挖掘身边存在或潜在的支持网络，制订相应的计划不断构建社会支持网络并充分发挥其中的优势，形成多方合力，为促进服务对象的能力提升提供社会资源支持。帮助服务对象及其家人重新构建对残疾事实的合理认知，释放过去因残疾事实而发生的负面生活事件所形成的心理压力，提升对生活的积极态度。

1. 增强学习能力

链接特殊学校，丰富服务对象的知识量，协助服务对象探索出个人的学习兴趣与潜能，找到一至两项能力发展方向。

2. 就业辅导，增强就业能力

社工联系区残联劳动服务所，通过服务所联系到几家职业技能培训机构，为阿强提供就业培训。

(二) 制定服务策略

1. 同辈辅导，树立自信心

社会工作者与服务对象及其家庭构建平等关系，挖掘潜能优势，并以链接资源支持、扩大社会支持网络的方式，在与更多的人接触、互动过程中，培养服务对象积极的人生态度、正确的自我概念。

通过邀请服务对象及其家庭参加社会工作者组织的社区活动等社区互动形式，扩大服务对象家庭的社交圈，增强与邻里的互动频率。

2. 优势视角，挖掘学习潜能

（1）找到服务对象个人的潜能与优势；

（2）协助服务对象探索个人能力发展方向与制订人生规划；

（3）发挥家庭系统对服务对象的正向影响作用。

社会工作者从 2016 年 5 月开始与阿强建立专业个案关系，初次登门时，阿强的母亲热情招待，阿强则一直躲在自己房间里玩游戏，当社工提出单独和他聊聊时，被他一口回绝。

初访阿强家后，社工收获不少却也有挫败感，深深体会到做人的工作真难，改变一个人更难。经多方协调，居委会和残联召开了一次由高校心理老师、居委会志愿者、残联领导组成的家庭干预工作坊。大家畅所欲言，观点各异，居委会和残联领导关注的焦点是如何为这个家庭提供家庭能力支持，一线社工认为应以阿强为重点，解决阿强的网瘾问题，有老师则认为应该关注阿强母亲的心理抑郁问题。讨论到最后大家达成共识，表面上是阿强母亲心理抑郁和阿强的网瘾问题，实际上阿强和母亲的沟通方式不当才是最大的问题。于是大家讨论后制订了综合干预方案：心理咨询师每周为阿强母亲提供心理辅导，社工则每周以游戏玩伴角色介入，与阿强做朋友，另外鼓励阿强参加专为残疾群体量身打造的"希望之家"年度项目，增进家庭成员之间的感情互动。这是一项边干边学的方案，实施成效还需要时间来验证。

此方案以每月 4~6 次的个案跟进频率进行，周期大约 3 年，其间有序落实服务目标和计划，于 2018 年 12 月结案。

二、医疗康复为阿强打开一扇窗

医务社工的介入，把社会工作方法和医学护理结合起来。"希望之家"就是这样一个把社会工作理念和方法结合起来的社区创新模式。小组成员都是能活动的残疾人群体，由于同病相怜，他们有更多相同的话题、更多相同的兴趣和更强的凝聚力。但小组如果只有残疾人士参加，可能会让他们难以融入正常人的社会，因而需引入新的专业力量，这就是由医疗康复护理训练师和资深社工师共同组成的医务社工小组。为缓解阿强母亲的心理压力，心理咨询师每周在社区文化活动中心定期举办心理健康沙龙，每周都有不同的主题，每周都有不同的体验。阿强母亲风雨无阻，每次都有不一样的收获。街道牵头举办了"跨越彩虹桥，发现心希望"体验式小组项目活动，让每个咨询者参与进来，合作完成一项任务，在这个小组中，阿强母亲认识了许多朋友，在彼此交流中减少了内心的烦恼。慢慢地，阿强母亲开朗起来，但儿子的工作问题依然是她心中的痛。

（一）社工上门

这是社工第二次上门，吸取了上次吃闭门羹的教训，社工自学了几个热门网游，决定以游戏为切入点，与阿强做朋友。这次阿强没有拒绝，两人边玩边聊，这时候的阿强与以前比简直是判若两人，聊起来滔滔不绝，口若悬河，自信满满。同时阿强也向社工敞开心扉，说他特别反感母亲的说话方式和态度，而且还总训斥他。不管怎么说，令社工欣慰的是他终于通过游戏和阿强成了玩伴。临别时，社工和阿强约定，可以每周玩一次网游，但条件是一周一次，每次不超过一个小时。

随着和阿强一家的往来增多，心理咨询师和社工都成了阿强的朋友。阿强和母亲僵硬的关系慢慢融化，在社工的建议下，阿强答应参加"希望之家"小组活动。

（二）网络写手

阿强开始有点抗拒，因为沉迷游戏不能自拔，但参加过几次活动后，发现参加的人多与自己同病相怜，彼此之间更容易沟通，慢慢地他就喜欢上了"希望之家"。尤其是在"希望之家"活动中还认识了一些朋友，互加了微信，有些成了知心朋友。自己慢慢开始在网络上写一些心灵鸡汤类的人生感悟，没想到从此一发不可收拾，成为某自媒体网站的写手。但毕竟靠网络写作还不能当饭吃，为减轻家庭负担，阿强决定提高自己的学历层次，因为很多好公司、好单位的文凭门槛把他挡在门外。社工经过和当地残联沟通，又为阿强办理了入学考试辅导班手续，并为他减免学费。

三、"作家"梦圆：意外收获

受教育程度高低和收入有较强的相关性。而阿强挂在嘴边的一句话就是他有个妹妹是哈佛大学毕业生，目前在市区一家公立医院做主任医师，他说这话的目的一是表明自己脑瘫不是先天性的，通过后天努力可以改变自己的命运，二是为了提高自信心，证明自己可以融入社会。于是阿强便开始通过自己努力改变命运。

（一）自学成才

在成人教育学习培训辅导班，阿强通过自己努力在 2017 年获得了成人自考大学本科学位证书，与此同时，阿强不忘记参加"希望之家"活动，在此间他还结交了一些摄影爱好者，只要有时间就和大家一起郊游，拍一些风景照片，配一些自己的感悟小文，他的散文受到越来越多的人关注，他在得到"希望之家"帮助的同时，对人生的体会越来越深刻，对人世间冷暖也有了更理性的认识，灵感如泉涌。在这个得到别人关爱也关爱别人的过程中，阿强自信心越来越足，对生活越来越充满期待。

（二）建立责任感

有一次，社工和阿强单独聊天时，问他为什么从游戏世界解放出来，像变了个人似的，他不好意思地说，他爱上了一个女孩，也是他的同道，身体有点残疾，但人很善良，所以他觉得，作为男人要有责任感、有担当才行。原来这是爱情的力量。正如他参加自学考试，能短时间内通过成人教育考试，顺利拿到本科文凭，全是责任感激发的动力。他意识到自己不能一辈子靠父母养活，父母年龄越来越大，自己还要成家过日子，可惜自己找工作的事情还是没有着落，父母还是忧心，好多公司、企业还是不愿意接纳一个残疾人。这使得有时候他心理落差很大，网上自己发表的文章被人叫好，网下还是被社会歧视，似乎一会儿在天堂，一会儿在地狱。不过，阿强意外发现自己写作方面颇有成绩，便开始着重关注此方面的事情。

四、助残工作：梦想重新启航

在残联领导的关心和残疾政策的落实下，阿强做了助残员，有了稳定的工作和收入。

（一）新生活开启

阿强对摄影和写作具有浓厚兴趣，他的散文随笔这几年也陆续发表，残联日常活动的通讯稿件都由他操刀，在很多门户网站上也经常能看到他的文章。阿强终于找到了合适自己的职业，可谈到自己的婚姻生活，阿强又幸福又忧虑。幸福的是他娶妻生子，因自己的才华，因自己的努力，获得了社会认可、领导认可。可因身体原因，他只能找同病相怜的残疾女孩，所以其妻子也是脑瘫，而且是属于先天性的，孩子也患有脑瘫，说到家庭生活，他偶尔也可以做饭烧菜，妻子也能搭把手，孩子则完全不能自理。白天由父母送到阳光家园，晚上再接回家。现在令阿强忧心的是，父母年纪越来越大，将来自己的孩子谁来接送？万一自己和妻子病情加重，这个家怎么运转下去？

（二）未来的担忧

说到目前的收入，他夫妻两个靠残联补贴和自己的稿费，家庭年收入有 5 万元左右，日常开支不成问题。残联的各种医疗保障和补贴也都落实到位。但他害怕生大病，害怕父母变老，看待未来他更多的是忧虑。不过，他对目前的生活状况较为满意，平日里正常上班、下班，闲暇时间摄影，记录一下生活的点点滴滴，悠哉游哉，聊以卒岁。

五、成效评估和反思

根据个案中的任务中心派的理论观点，成效放在一个项目周期内评估，如果从这个视角看，阿强算是奇迹中的奇迹，成功中的成功。从婚姻的视角，阿强原来根本没有想过能成家，成家简直就是一个不能实现的梦想，更准确地说是一个幻想。

（一）梦想变奇迹

后来一个偶然机会阿强结识了自己心仪的对象，现在的妻子，可谓意料之中，又在意料之外。这一辈子若能成家，对阿强来说是幸福的、幸运的。也正是爱情的力量激励阿强自强不息，孜孜以求地奋斗，激发出无穷的动力。如果说社工的介入，只是提供了一种自我发展的契机，但之后阿强身上发生的奇迹则是自己一直努力的结果。从这个角度来看，阿强的成功是社工助人自助的一个自然结果，社会工作就如一粒希望的种子，我们可以肯定这粒种子能够在空气、养分充足的条件下生长，但不能确定种子按照自己或案主的意愿和计划生根发芽。至于是不是投入大产出小，这社会效益有时候也不能用经济成本来衡量。

(二) 社工反思

从任务中心派的理论观点看，阿强的大学梦、家庭梦、作家梦和就业梦一步一步通过自己的努力和社会的支持得以实现，中间有社工的陪伴、心理咨询师的协助、居家养护的照料、希望之家的小组帮助，更蕴含了他自己持之以恒的付出和汗水。从个体型残疾角度来看，其成效也算圆满。但从另一个深层次的社会角度，从问题解决派的观点看，他面临的挑战也远非个人努力所能完成的，他只能照顾自己和妻子，将来他百年之后，父母的养老怎么办，甚至连照顾自己的孩子也无能为力，又或许他的人生就是不断面临一个个问题，不断解决问题的过程。

第三节　他以坐着的方式"站了起来"

交通给大多数人带来了便利，汽车延展了人的四肢，扩展了人的生活范围，给人们的生活带来巨大变化，成为一门产业，提供了更多的就业机会，作为现代科技文明的产物，给我们带来了翻天覆地的变化。但并不是所有人都能成为汽车时代的幸运儿，有多少人因为交通事故妻离子散、家破人亡。现代文明不仅要关注科学技术带来的正面便利影响，更需要关心被交通事故致伤致残的不幸者，正如木桶理论揭示的，一个木桶能装多少水取决于它最短的那块木板，如果这只木桶中有一块不齐或者某块木板下面有破洞，这只桶就无法盛满水。

现代科技为康复理念注入了新动能，使得原来的不可能成为可能。阿超遭遇车祸导致瘫痪，曾经一度卧床，不能坐立，生理功能退化，社会角色退化，全家笼罩在悲观气氛中，但新的康复技术、康复理念、康复政策、社会工作的介入等综合力量为这个家庭注入了新的希望，阿超父母的陪伴和他本人的持续努力终于创造了一个奇迹。但从"坐起来"到"站起来"还有很长一段路要走，阿超能否站起来，能否把不可能变为可能，需要时间的考验，需要他自己的努力，还需要社会的关爱。

一、阿超的噩梦

2019 年 8 月的一天，社工第一次去阿超家，此时，1985 年 11 月 20 日出生的阿超已经卧床 10 多年，在 2006 年，22 岁的他因交通事故导致腰部以下失去知觉。

阿超父母年事已高，他父亲见到社工的第一句话就是"我们家完了，我今年都已经 70 多岁了，将来谁照顾他"。可以想象照顾一个瘫痪在床的儿子 13 年是什么心情。阿超是不幸的，因为 10 多年的康复治疗，父母从黑发熬成了白发，医药费也是一笔不小的开支，关键是阿超身边离不开人，需要长年照顾。

为照顾阿超，父母身心俱疲，超负荷运转。如果没有外界的介入、社会的支持，这个家庭的正常运作都难以为继。而维持整个家庭正常运转，靠的是父母的体力、耐心和永远割裂不断的血浓于水的亲情，支撑阿超父母坚持的动力还是难以割舍的父母之爱。比起阿超的不幸，本区还存在更多、更惨的家庭，如双庙村的阿君家，阿君 2014 年在上班路上发生车祸，肢体残疾 1 级，姐姐也是精神残疾 2 级，当社工 2020 年 7 月初到阿君家时，他爸爸像看到了久违的"救星"一样，把社工迎进家。据阿君爸爸介绍，自己以前做木匠工作，脑子又活，还做点小生意，家里房子在前几年盖好了，三层楼房外加一个小院。可惜这个小康之家在 10 年前阿君发生车祸之后，家庭状况完全改变了。阿君在医院抢救了 7 天 7 夜，命是保住了，可谓不幸中的万幸，但阿君成了植物人，只能一直躺在床上，每天就那样躺着，一动不动，只是饥饿时，会用手敲打一下床边。不会说话，不会交流，阿君父亲只好辞掉工作，专心在家照顾阿君。可祸不单行，更令阿君父亲崩溃的是，阿君的姐姐罹患抑郁症，不能工作，不能控制自己，精神处在崩溃边缘，靠吃药度日。

残联的居家照顾服务项目的确帮了阿超和阿君父亲大忙，每天看起来微不足道的 1 小时服务，真是雪中送炭，而且阿君父亲照顾一儿一女不仅是体力的消耗，更主要是精神的疲惫，居家服务员和阿君父亲聊聊天也是一种心理放松。

二、康复训练的奇迹

幸运的是，残联的各项福利保障政策很大程度上减轻了家中经济负担。尤其是居家养护服务人员无微不至的照顾，使阿超家里逐渐发生了细微的变化。2017 年，受托提供居家照顾的服务社程主任亲自上门，专程为阿超提供转介服务，介绍阿超去上海市残疾人康复医院进行三个月的康复训练。

（一）康复的奇迹

三个月的康复训练改变了阿超的人生，他从原来的卧床平躺到目前能完全靠自己坐起来，依靠轮椅还能比较自如地在房间和门外活动。这简直是个奇迹，有社工称这是"以坐着的方式站了起来"。这让阿超看到了未来生活的希望。他还经常参加残疾朋友的集体活动，还交了一个"同病相怜"的知心朋友。加上服务人员的细心照料，现在已经能够逐步生活自理，但上卫生间还需要帮忙。他还给我们示范了在改造过的残疾人厨房烧菜、做饭，其他简单的体力活也可以独立完成。

说到目前生活状况，阿超比较满意，每天服务人员过来帮他洗衣服、打扫卫生、烧菜，如果遇到特殊情况服务人员不在时，他也可以简单地照顾自己，帮父母减轻些压力。阿超说希望将来自己能够照顾自己。但说到未来，他很迷茫，我们鼓励他学习一些简单的微信应用技巧，如果将来有机会还可以做微商。总之，阿超的好运气得益于区残联的政府购买服务项目，一家社会组织承接的残疾人居家照顾项目把他纳入了服务范围。

（二）疫情的考验

2020年7月24日，社工第二次去阿超家，他的父母似乎有一丝淡淡的哀愁，新冠疫情也在考验着这个困难家庭。阿超父母都是征地农民，每个月退休金1000多元，父亲必须年满60周岁才能享受到，最近阿超的病情有点反复，身体上的脓疮还需要护理治疗，前几年有残联委托的医疗护理服务项目每周定期提供医药护理和康复技巧训练，但今年的新冠疫情打破了所有生活节奏，原计划每天一小时居家照顾，疫情期间中断了近一个月，现在恢复正常后，该组织要求每天提供一个半小时服务，以弥补之前的中断时间。

三、爸爸眼中"最好的朗诵家"

按照惯例，每年年底负责居家照顾项目的程主任都会组织一场残疾群体文艺会演，让残疾群体发挥自己的文艺特长，在舞台上表现自己的风采。

（一）文艺表演展风采

重残人员会根据自己的特长表演节目，2018年年底，区社会组织共同举办了迎新春文艺会演，由残疾人自导自演，阿超的一首诗歌朗诵，引起了台下观众雷鸣般的掌声，那一刻，阿超的爸妈觉得儿子是世界上最好的诗人。当听到掌声、看到台下观众送的鲜花时，阿超感到自己是"世界上最成功的人"。台上一分钟，台下十年功，想起在家中和几位残疾伤友苦练基本功的日子，阿超一方面感到很辛苦，每每读错，教练指出时，哪怕是最温柔的批评，对普通人而言是正常的建议，对阿超就是严格的责难。他会委屈得哭，甚至想放弃。但爸妈的鼓励，伤友的期待，让阿超擦干泪水，继续练习。他的微小进步，对一般人而言微不足道，但对阿超而言就是人生中的一大步。

（二）阿超的梦想

站起来是阿超最大的希望，阿超能自食其力是他父母最大的愿望。随着父母年岁已高，家里目前3亩地，一亩地一年转包费800元，共2400元。父母退休金仅仅够维持温饱。如果阿超能自食其力，将来就能养活自己，这也是阿超父母最大的愿望。目前阿超在家有时会看"西瓜视频""抖音"等文艺类自媒体的内容。他希望能把病护理好，社工表示会尽快联系有关护理机构为阿超解决燃眉之急。后经多方协商，医疗护理服务项目把阿超纳入了服务名单。

第四节　折翅的蔷薇如何盛开

传统婚姻中通常倒插门女婿都不招人待见，尤其是传统社会，婚姻角色颠倒会被人认为是吃软饭的。但是今天人们对倒插门已没了那么多的歧视，人们更多的是包容和宽容。

一、家庭的梦想

阿英家住蔷薇村，一家五口，她一级残疾，重残无业，靠残疾补贴生活。据阿英说，她自己小时候就有软骨病，先天残疾。自幼没有读过几本书，仅上到小学，勉强识文断字，之后就失学在家，在父母的呵护下长大成人，结了婚，丈夫也是蔷薇村老实巴交的农民。阿英现在还不时想起过去和丈夫新婚燕尔的甜蜜生活，他们刚结婚时也有过一段恩爱日子。20 年前，随着改革开放的深入，上海经济逐步融入世界，工厂企业遍地开花，她丈夫曾经在邻近的玩具厂上班，收入比上不足、比下有余。不久后夫妻俩的女儿出生了，给这个小家庭增添了无限乐趣。

很不幸的是，孩子出生时还健康，但在 3 岁时，患上了小儿麻痹症，在访谈过程中，阿英一直强调女儿大红是后天致残，但女儿大红则在一旁坚持认为是先天原因，且笑个不停，看起来，大红更乐观，也更健谈。随后阿英夫妻俩商量决定再领养一个孩子，这就是未满 5 个月的女儿小红，小红一切正常，为忧郁的家庭带来一丝希望。据小红自己介绍，她自幼成绩优异，后考入华东师范大学附属中学三附中张堰中学。

记得高中时期某一天，她听说了自己是领养的孩子，其实早在读小学时，就偶尔听到邻居村民和小伙伴说自己是领养的孩子，只不过小时候不太在意，等到高中时，她再听说自己是领养的时，心里有点狐疑，不敢相信，当她向妈妈求证时，妈妈也觉得不应该再隐瞒实情，便把实情告诉了小红，这让小红一下子接受不了，留下了严重的心理阴影。此后开始靠吃药来缓解心理压力。小红高考考上一所大专院校，虽说和期望值有距离，但无论如何也可以继续进修学业。后来经政策照顾，在一家事业单位谋得一份工作。但后来小红自己心理抑郁加重，长年请病假在家，导致没法工作。夫妻两个看着两个女儿越来越大，到了成家的年龄，就打算盖一所大房子，拿出家中所有积蓄，还向亲戚家借了点钱，盖了两层楼房。房子非常漂亮，地板砖很亮。说到装修，阿英心中五味杂陈，因经济紧张，不能一步到位，等新房子盖好后，添置家具、装修地砖又等了两年，直到丈夫的工资积攒够了才开工，想起那段日子，一家人日子过得虽然困难但很快乐。

两个女儿的婚事，一直是阿英的心病。恰恰 5 年前两个女儿几乎同时认识了两个外来打工的小伙子，很快到了谈婚论嫁的阶段，并同时决定在 2015 年年前领取结婚证。说起结婚证，大红讲述着和妹妹同领结婚证的喜悦之情，但提到丈夫很多天不回家又多了一丝淡淡的哀怨。

男女性别比例失调背景下的倒插门婚姻

国家统计局官网显示：截至 2018 年年末，大陆男性人口为 71351 万人，女性人口为 68187 万人，总人口性别比为 104.64∶100（男∶女）。在中国，男女出生人口性别比例失衡的状况，最初在 1982 年第三次全国人口普查中被揭露，30 多年来，"剩男"的数量随着中国失衡的男女性别比一路飙涨。近年来，农村"光棍危机"的话题，已经成了老生常谈。据 2015 年国家抽样调查数据显示，15 周岁以上全国未婚男性比女性多出 4000 万人，当然，这其中，农村数据占比更加的严重，占据了近 3000 万。中国人民大学人口与发展研究中心主任、中国人口学会会长翟振武曾公开表示，"保守估计，中国未来 30 年将有大约 3000 万男人娶不到媳妇。""以前重男轻女的观念太重，家家户户都想要男孩，现在这些孩子都长大了，就有一部分男的找不到对象，这就给了不少女方父母多要钱的底气。"① 曾经对男婴的狂热追求，让早已失意的中国农村，变得更加落寞。因为严重的男多女少问题，导致一家有女百家求，在娶媳妇激烈的竞争下，彩礼也水涨船高。这些重男轻女的社会现象也促使农村部分男青年考虑倒插门婚姻。以前被人鄙视的倒插门婚姻也逐步开始为多数人理解并接纳。

二、喜忧参半的结婚证

说起当初女儿的婚事，阿英带着一股淡淡的喜悦，因为农村的风俗，没有男孩的家庭会被人欺负，虽说是远亲不如近邻，但与邻居时不时的纠纷，会为他们弱势的家庭添上一丝丝忧愁，有时和邻居家难免会发生磕磕绊绊，矛盾如果不及时解决便会日积月累。阿英说起那段痛苦的纠纷，说邻居家骂他们家两个女儿都不生孩子是报应，他们家就忍不住和对方大吵大闹，记得有次对方把大女儿打得头破血流，说到这里，阿英会伤心落泪，大红则会打断母亲不让再提这段伤心往事。这也是她急于为女儿们成家的原因之一。

而两个女婿的到来，的确为他们家增添了新的力量和希望。大女儿

---

① 国家统计局公布，2022 年年末，中国男性人口 72206 万人，女性人口 68969 万人，男性比女性多 3237 万人。

根据中国社会科学院蔡昉教授团队 2017 年预测，到 2020 年，中国 25~35 岁男子将比 20~30 岁的女子多 4000 万左右，按照中国习惯，这些男子将找不到合适的配偶。蔡昉. 读懂中国经济：大国拐点与转型路径. 中信出版集团，2017：89.

是在 2015 年的一天上午领取了结婚证，二女儿在下午领取了结婚证。幸福生活似乎刚刚开始，但丈夫没福气和她白头偕老，因病撒手人寰。

据助残员介绍，大女儿小时候，父亲曾想让她到对面小学读书，但学校认为她生活不能自理，所以不愿意收她。另外，父亲去世后，大女儿主动承担起家里农活。在自留地种了西瓜、蔬菜、油菜等。可见，大女儿虽然有残疾，但责任心很强，性格外向且坚韧。大女婿是离婚后再婚，不是残疾人，大女婿有一个女儿在做小生意，嫁给了上海本地人，有一个外孙女，两三岁的样子。大女儿与女婿是自由恋爱，大女儿很喜欢大女婿，之前，因为大女婿在他们家附近河道做河道清理工作，于是和大女儿认识，两个人谈了两年多，还蛮投缘的，便结婚了。大女婿是因为从事河道清淤工作，因为工作地点时常变动，便经常不回家。有时间也会回来，上次还带了他外孙女回来。但大女儿因为遗传原因无法生育孩子。

三、幸福的烦恼

自 2015 年两个女儿结婚后，阿英夫妻心头的一块石头终于落地，但旧愁未去，新愁又到，丈夫因突发疾病去世。生活的重担又落在阿英的身上，两个女婿还算勤劳，外出打工，一家人住在一起比较融洽。可长期来看，终究不是事情。

大女儿和自己一样，患有软骨病，今年已经 40 岁了，乐观是乐观，但生育问题一直是心头的病。大红每到这时候，就会开怀大笑，认为妈妈想多了，还有妹妹呢。只是说到自己的丈夫，一面是喜悦，一面是淡淡忧伤。一方面自己幸运，遇上了一个好老公，盼望早日把老公的户口迁过来。有时也有些抱怨，以往户口政策没有那么严格，最早 1 年就可以过来，后来改成 2 年、3 年、5 年，到大红和妹妹结婚时，上午和下午都不一样。我上午结婚只需 10 年，妹妹下午结婚就要 15 年，不公平啊。说到丈夫，大红有点抱怨，他那人是不错的，但自从去浦东做河道清运工后，一个月也不回来一次，他真的那么忙吗？说到妹妹和妹夫，大红有点羡慕的神情，毕竟妹妹比自己"正常"，似乎全家人的希望都寄托在妹妹和妹夫身上。

小红则在一旁既担忧自己的工作，也担忧老公的户口。她一直希望能够返回工作岗位，很怀念工作的短暂日子，她做档案工作，当时虽然很忙，经常加班，但还比较充实。可是自从抑郁请假后，自己就一直在家养病，单位领导也担心工作期间她会犯病。老公在邮政系统做临时工，如果有上海户口，就能转正，在邮政系统送快递，很辛苦，每天工作十多个小时，因为是临时工，干得比正式工多，拿的钱反而少。所以自己最大的愿望就是老公的户口尽快解决，希望自己早日返回工作岗位。

四、女婿的户口

说到女婿的户口，阿英心中是说不出的滋味，如果女婿的户口能够早日过来，可以帮助女婿们争得更多的有利条件，大女婿可以重新找一个更好的工作，二女婿可以转正。但现在看来比较老实可靠的女婿，会不会嫌弃自己的女儿，始终是她心中一个解不开的心结。她在谈话中反复说到现在的离婚率太高了，人越来越功利了，虽说大多数人是好的、善良的，但如果自己女儿遇到的是少数人呢？还有一个心结，就是她希望二女儿早日生个宝宝，但女儿离不开药，治疗抑郁的药可能会对生育有影响，她不希望二女儿再重演自己的故事。

五、居家照顾，解除后顾之忧

针对阿英家的特殊情况，两个女婿都在外打工，平日不常回家，家务琐事较多，小女儿又精神抑郁，区居家照顾项目真是帮了大忙，都是乡里乡亲的，服务员每天 1 个小时的家庭劳务雷打不动，说是 1 个小时，但服务员每天都帮忙超过 1 个小时，甚至都说不清几个小时。真是应了那句话，远亲不如近邻。

最感动的是她家的好多农活也是服务员吴阿姨给帮着做。房前菜地，房后少量水稻田插秧、收获，全部包揽。问吴阿姨为啥如此卖力，她回答："都是一个村的，我是看着他们家两个女儿长大的，这个家真心不容易。"社工问："服务员干活和挣工资挂钩吗？"她回答："我主要不是为了钱，如果为了钱，我去市区干家政挣得更多，主要是就在家门口，都是邻居，时间长了，都有感情了。再说了，这个活都是良心活，积德行善，心里踏实，不能干什么都用钱来衡量。金钱买不来好邻居，金钱买不来好风气。"

六、成效及反思：家庭的含义

（一）初步成效显著

生活就是一个不断解决旧问题和不断面临产生的新问题的一个持续过程，如果站在过去的角度看，旧问题的解决值得高兴，值得欣慰；如果站在今天的角度，还有很多棘手的问题没有解决，也可以说今天已经解决了昨天的很多问题。不同角度看事情，会有悲观和乐观两种不同的理解和感受。

据邻家服务人员介绍，看似不起眼的日常家务，对阿英家却是天大的难事，比如打扫卫生、洗衣做饭，她和大女儿矮小的身躯需要花费比别人多两倍的时间，甚至有些活根本做不了，比如房前那三亩自留田的活，她母女两个无论如何也办不到。居家养护服务员的帮忙可真是雪中送炭。

（二）隐忧中的希望

阿英家招婿一方面是女儿婚姻的期望，另一方面也是邻里关系的需要，偶尔和旁边邻居家的宅基地有点纷争和摩擦，毕竟邻里之争和家庭争吵一样，居家过日子哪有锅碗不碰瓢勺的。助残员有信心、大女儿也有信心，那只是生活的小浪花，随着时间的推移，那些小摩擦应该不是问题。至于女婿们的户口问题也是时间问题，好事多磨，不经历风雨哪能见彩虹，大女儿对生活前途还是信心满满的。

（三）"户口和孩子"

目前小女儿的工作和生育是全家最大的期盼，据服务人员说，小女婿是经过女婿的一个兄弟（工友）介绍认识的，对小女儿很好，每天下班回家会带她出去吃饭，买各种东西。就是偶尔会抱怨，想要孩子但得不到，觉得压力很大，没有奔头。小女儿一旦停药，发病的话则不能生育孩子。要孩子这个事情是整个家庭的期望，小女婿想要，母亲想要，小女儿也赞同。小女婿有两个哥哥一个姐姐，姐姐有一个女儿、两个儿子，原本打算把小女婿的外甥过继给小女儿两口子，后来外甥长大后有点不情愿，这件事情也就不了了之了。不过，阿英及两个女儿对未来还是充满希望，只要大家心往一处想，没有什么过不了的难关。

第五章　老年社会工作本土化

　　现代化转型为中国带来了巨大的经济社会变迁，对人口的结构形成了双重效应，一方面物质生活获得极大改善，医疗技术条件比以往几个世纪取得的进步都大；另一方面人口老龄化以及生育率下降导致人口总和下降，人们从过去多"生"转变为现在不婚、少生、不生。本书试图用现代化理论分析中国老龄化的社会现实，用社会工作工具作为应对老龄化的策略，主要是从倾听社会工作实务中的叙事方法为老年人的再社会化提供技术支撑和叙事治疗方案。

第一节　现代化进程中人口老龄化

　　据上海市老龄工作委员会办公室发布的数据，作为全国最早进入人口老龄化且老龄化程度最深的城市之一，上海已经从低度老龄化社会步入深度老龄化社会，已经超过美日等发达国家的老龄化程度，且和发达国家比属于深度中的深度，和中国平均老龄化程度比，属于典型中的典型，老龄化特征如下：

60 岁以上老年人占总人口的比例逐年增加，且随着医疗条件、养生保健、康复预防知识的普及，预期寿命延长，老龄化比例还将进一步增加。从 2018 年年末到 2019 年年末，60 岁及以上老年人口增加 14.84 万人，年均增加 0.8 个百分点；高龄化比例加速，70 岁及以上老年人口增加 12.46 万人，总人口比重从 14.2% 增至 15.0%；80 岁及以上老年人口增加 0.31 万人，总人口比重从 5.58% 降至 5.57%。从 2018 年年末至 2019 年年末，100 岁以上长寿老人增加，上海户籍 100 岁及以上老年人口增加 213 人，每 10 万人中拥有百岁老人数从 17.2 人增加到 18.6人。2019 年，上海户籍人口预期寿命为 83.66 岁，其中男性 81.27 岁，女性 86.14 岁。①

随着老龄化高龄化加速，上海的老年人需求个性化、多元化越来越呈现出时代特性。

一、需求个性化、多元化

老年人作为一个特殊群体，目前追求的生活方式是简约而不简单，对物质需求的数量减弱但精神文化需求增加，对饮食的质量要求更高、更个性化；对医疗服务需求的次数减少，但对医疗服务的质量需求增加。

（一）医疗护理：从数量要求到质量要求

据对上海市的老年人调查，循环系统疾病、肿瘤和呼吸系统疾病是老年人健康的三大杀手，分别占老年人口死因的 43.6%、29.2% 和

---

① 华经产业研究院 . 2019 年上海市人口老龄化现状、人口预期寿命及养老服务产业现状［EB/OL］. 华经情报网，2020-05-26.

8.2%。① 某镇养老服务中心的问卷调查和访谈表明，该中心服务的 500 名老年人中，对医疗护理有需求的占 70%，30% 的老年人认为可以减少服务次数，但必须保证服务质量。

调查某街镇老年服务中心常驻的 20 多名老年人的饮食结果显示：70% 的老年人对该中心的饮食基本满意；20% 的老年人认为饮食荤菜太多，味道太咸；另外有 5% 的老年人认为没盐味，素菜太多，荤菜太少。

对该街镇中心老年人进行访谈，80% 的老年人对读书、剪纸和小游戏等文化娱乐活动表现出了非常浓厚的兴趣和强烈的认同，但还有一些老年人希望有更多的、更个性化的活动；90% 的老年人不太关注活动次数，更关注活动质量。

（二）伦理需求：亲情和陪伴

老年人对文化伦理生活需求高，多数老年人和子女不在一起居住，子女收入处在工薪阶层的比例高。子女需要工作，上有老，下有小，陪伴老年人的时间有限，随着年龄的增长，老年人的文化伦理需求越来越高，需要人陪伴，需要人聊天，需要更丰富的精神文化食粮，且对有伦理文化生活的需求从数量减少到逐步增加，年轻人对伦理文化的需求小，活动空间范围大，交往圈子大，但老年人对传统伦理文化需求越来越强烈，大多数老年人随着去社会化能力和角色的增强，对社会化的文化伦理需求也越强。据调查：大多老年人更希望子女多陪陪自己，陪着聊天，让子女听自己唠叨过去的故事，让子女听自己的幸福和不幸，更喜欢那种天伦之乐、其乐融融的大家庭生活；但上班的子女即使抽时间陪他们聊天，孝顺的子女反复听、不厌其烦地听，多数人时间久了也会

---

① 华经产业研究院.2019 年上海市人口老龄化现状、人口预期寿命及养老服务产业现状［EB/OL］.华经情报网，2020-05-26.

产生厌烦。据前期对为老年人服务的人员的聊天调查，金山一位老年志愿者李老师说，他负责的几位老人越来越离不开他，每次按照预约时间，来到老人家里，老人一般都提前 1 个小时将茶水、点心和水果备好，翘首等待。第一次听老人讲过去的辉煌岁月或者上山下乡的故事还有点新鲜感，但第二次、第三次，整整一个月下来，一直在重复昨天的故事。而且老人一旦打开话匣子，他就只有洗耳恭听的份儿，插不上话，偶尔插一句话，也很快就被老人打断，一个月下来，开始是享受，后来是受罪。但长期坚持下来后，李老师发现好多老人的故事还是很有历史意义的。

（三）精神信仰需求：空虚和恐惧

据对某街镇老年服务中心的调查，新冠疫情以来，老年人的心理慰藉生活需求更高了，多数老年人足不出户时间过长，心里孤单、精神抑郁，更加需要社会化服务。独居、失独、丧偶的老年人的精神文化需求包括心理需求、文化娱乐需求、信仰需求三个方面。就心理需求和文化娱乐需求而言，年龄越大，去社会化或者社会化功能越是退化，和社会、社区、家庭疏离，其心理的孤独感、失落感越强，对心理辅导和文化娱乐的需求越是强烈，一些老年人选择康复健身、模特走秀、绘画书法等业余爱好，一些老年人选择读书、看报等活动，但选择棋牌娱乐的居多。据调查，在文艺活动的大多选项中，老年群体最钟情的娱乐活动是棋牌类，当被问及棋牌娱乐和其他活动只能二选一的时候，99% 的老年群体选择棋牌类活动。就信仰需求而言，多数老年人年龄越大，对生命的留恋和对死亡的恐惧就越强烈，这种情感传递到家庭成员中更是让家里人感觉面对这些需求"有心无力"，老年人需要专业人士倾听，需要找专业人士给予情感抚慰。这和我们传统文化的喜剧情怀有关，传统儒家文化对生死的观念有种强烈的反差，对生的希望寄托很多，大家都喜欢大团圆的喜剧故事或者喜剧结尾，对死亡的恐惧一直采取回避的态度。所以这种反差需要通过社会工作的专业方法深度介入，为老年人提供心理抚慰。

二、为老服务供给不足

（一）服务人员总量短缺、专业社工短缺

目前养老机构普遍面临着人力资源短缺的结构性困境，这种结构性困境体现在普遍性的人力资源短缺和扩张性的在职人员流失的困境。总量短缺的普遍性困境，是全市乃至全国面临的普遍性矛盾，老年人数量越来越多，高龄化比例稳步上升，但机构工作人员总量短缺现象越来越严重。近年来上海高龄化比例逐年增高，照顾老人的任务量越来越大，但机构服务从业人员越来越短缺。

规模化、大众化的服务模式满足不了老年群体多样化、个性化和小众化的需求。机构专业性人才短缺的困境短期内难以解决，难以满足老年人的个性化、多样化需求。且多数养老机构的专业社工流失率高，流失速度也越来越快。个别小的养老机构的社工最短有入职一个月就离职的。在职的年轻从业者流失率、离职速度再创新高。据对上海市某区的社工机构调研显示，多数年轻社工在岗时间一般不超过4年，最短的是一个星期。这也是为何一方面养老机构对社工的需要越来越多，另一方面大学生和从业社工心态不稳定这种发展性矛盾会长期存在。

之所以出现上述问题，是因为从大的社会环境看，短期化、功利化的社会成功标准越来越单一化，比如判断成功的标准就是金钱和名誉。在这种大背景下，多数人都是环境的产物，但疫情以来，这种收入增

长、财富增加的预期在减弱，人们的需求预期在增加。人心浮躁，尤其是青年人，因为结婚、养家等更需要实现个人财富增加，所以养老机构社会工作岗位对其吸引力不大。整个社会对社会工作者认同度不高，导致好多大学生对养老机构、社工不认同。养老机构一方面对专业社工的需求越来越大，可大学生群体中做社工的意愿者越来越少。据对上海某高校 2020 年社工专业 40 名毕业生学生的调查显示，明确去养老机构或者社工机构就业的只有 2 位，占比仅为 5%。

（二）刚性成本增加和结构性资金短缺

目前，资金压缩和人力成本越来越高。疫情以来，政府财政资金压缩而用工成本越来越高的矛盾影响着养老服务供给。这个成本是刚性的，因为物价、生活成本、房租成本并没有下降，反而在上升，导致用工成本上升。如果压低工资会导致更多的人员流失。正常情况下，竞争总是优胜劣汰，成熟的、有竞争优势的、规模大的养老机构总能脱颖而出。但在当前状况下，项目竞争越来越激烈，资金来源越来越不稳定，预期越来越不确定。正因为养老服务的项目资金大多来源于政府财政资金，财政资金的压缩，导致更多的养老机构去竞争更有限的资金。这对成熟的养老机构反而会造成不公平、不可预期的结果，不排除有些小机构压低报价甚至低于成本价获得竞争标的情况。但正如前面所提到的，用工成本上升短期内是刚性需求，老年群体要求越来越高也是更大的刚性需求，如果低价者得，有可能牺牲服务质量。这反而可能会导致"劣币驱逐良币"的现象发生。整个经济呈增长趋势，且增长预期的不稳定，导致各级政府财政资金压缩，也和企业效益减少有关，这是第二个大的环境因素。如果说在疫情前，部分养老机构除依托政府财政资金外，还能开辟企业资助的资金渠道来弥补本来就不充裕的资金的话。疫情后，随着企业压力增大，盈利空间减少，这个渠道也越来越弱。

第二节　人口老龄化的现状、趋势和特质

一、人口老龄化、高龄化持续

随着医学技术的发展、医药产品的开发、营养科学、健康保健等多种因素的推动，人口死亡率下降，人的预期寿命越来越高。作为中国经济、金融、科技、贸易重点城市的上海已经进入深度老龄化社会，从1979年至2019年的40年时间，上海老龄化比例（户籍人口占比）由10%增加到33%。据中国人口与发展研究中心最新预测成果显示，中国老龄化总体呈现"两高一超"及"一独"的趋势：

"两高"指老年人口高增长和年龄结构高龄化并存，"一超"指人口抚养比大幅提升，养老负担将超过抚幼负担，但令人尴尬的是作为中间阶层的家庭更愿意把钱花在抚幼上，而不愿意在养老上多付出。

"一独"指家庭规模小型化、结构简单化，核心小家庭和独居老人规模大幅同步提升；独居家庭的规模将从2010年的1800万上升到2050年的5000多万，这个独居老人规模相当于一个中等发达国家（如英国、法国）的人口。

中国养老模式目前是消费型模式而非生产型模式，起码和日本比，上海某区老年人就业愿望和就业比例仅仅达到20%，而日本有劳动能力的老年人就业愿望和就业比例高达40%到50%。我国要实现老有所养、老有所依、老有所医、老有所乐还存在很大挑战。

二、人口总和生育率持续低于人口正常更替水平

生育率下降，总和生育率已经下降到国际人口正常更替水平。据学者研究，20 世纪 80 年代是生育高峰，到 1990 年生育平稳，从 1990 年至今连续 30 多年生育意愿和生育率下降，而正常人口总和生育率在 2.1，1 个婚龄育龄女性生育 2.1 个小孩就可以保证人口发展的正常更替水平，换句话说，只有适婚适育女性生育 2 个小孩才能保证上一代和下一代数量基本相等。可在 2019 年我国总和生育率只有 1.69，远远低于正常 2.1 的生育水平。同时韩国是 1.05，日本是 1.36，美国是 1.77；而 2019 年中国人口出生数量创历史新低，为 1465 万，人口出生率为 10.48‰，二孩率为 59.55%。而且在前几年计划生育政策的约束下人们不敢生、不能生到现在二孩放开的政策激励下，人们又不愿意生，有能力的不想生，有意愿没能力的不能生，"90 后"晚婚、不婚、恐婚导致不能生也不想生，结果将导致人口总和生育率长期徘徊甚至低于人口正常更替水平线的 2.1，且这一趋势不可逆转。

三、生育率下降

生育率的下降存在代际差异，总体上生育率普遍下降，截至 2020 年 12 月 31 日，2020 年出生并进行户籍登记的新生儿共 1003.5 万，其中男孩 529 万，占 52.7%，女孩 474.5 万，占 47.3%。从 2016 年开始到 2020 年，中国每年的出生人口分别为 1786 万、1723 万、1523 万、1465 万、1003.5 万。引起大家焦虑的是，2020 年跌得太多，超出了所有人的估算，以前是 100 万左右的跌幅，2020 年猛地跌了 400 多万。①

---

① 公安部.2020 年人口出生率暴跌，我们该怎么办？[EB/OL].腾讯网，2021-02-09.

生育率和生育意愿同步下降，这是人口增长的普遍性困境、结构性困境和发展性困境三重困境综合的结果。

普遍性困境：不愿意生，尤其是代际性生育差异明显，越是年轻一代，越追求个性生活，婚龄、育龄推迟，不婚人数增加，随着时间的流逝，普遍性不想生育的、不愿意生育的情况会越来越严峻，且具有非常强大的惯性和不可逆性，人口总和生育率低于2.1的趋势将长期存在。

结构性困境：二孩政策激励的力量有限，而生育的约束成本增加，存在结构性困境，"60后""70后"逐步步入中老年，没有能力生，想生而不能生；"80后"想生而不敢生，物价压力、收入的有限、养育的成本远远大于生育的成本。

发展性困境："90后"作为生育的黄金年龄段和黄金生育阶层，普遍恐婚。"90后"是结婚的主力军和生育的主流力量，是解决全国老龄化问题的人口希望，但近年来离婚率不断攀升，且部分"90后"存在"闪婚""闪离"的社会现象，"90后"和前几代人比明显更以自我为中心，对离婚现象的认可度、宽容度更高，面对家长的"催婚压力"和离婚率升高，易有恐婚、不婚和晚婚的想法。甚至部分年轻人认同"丁克"家庭、个体家庭等新模式。面对物价的平稳上涨、房价的上涨、养儿育女成本的增加和有限的工资、职业晋升的期望和现实晋升的职业瓶颈、"温水煮青蛙"的心理预期等多重因素导致"90后"恐婚、晚婚、晚育甚至不想育。

四、养老面临的压力

随着养老保险筹资压力及财政支出压力加大，中国政府从20世纪实行积极的以城市和企业为中心的现收现付制逐步向社会统筹和个人账户相结合的部分积累制转轨，但目前还没有完成转轨。未来30年，当初的"婴儿潮一代"大规模步入老年,养老金领取人数暴增,养老保险给付压力的潜在缺口增大。

家庭成员照料一直是中国主要的养老模式,居家养老也一直是老年人的心愿,但在家庭小型化的大趋势下,可以预见未来 30 年,因为新出生人口不足,劳动力不足,进入劳动力市场的劳动力排除大学普及率带来的大学在校学生和中学在校生,老年空巢家庭、独居家庭、丧偶家庭将大幅增加,传统家庭养老面临更大挑战。

第三节 民生导向政策的新空间、新要求

一、政府购买服务的民生化政策导向

养老政策体系构建是政策购买服务的重要组成部分,为民营企业和社会组织进入养老市场提供了新空间。

为应对老龄化的发展趋势和老龄化的需求,上海市 2005 年提出"9073"服务格局。所谓"9073"格局,即 3%的老年人接受机构养老,7%的老年人接受政府支持的社区养老,90%的老年人接受居家自助养老。到 2014 年上海市政府又提出《关于加快发展养老服务业和社会养老服务体系的实施意见》,提出 2020 年建成养老服务供给、服务保障、政策支撑、需求评估、行业监管五位一体的社会养老服务体系。这个社会养老服务体系涵盖居家自助养老、社区养老和机构养老三种模式。对涵盖机构养老、居家养老和社区养老为一体的养老服务中心进行调查,结果显示:大多数养老机构供不应求。

(一) 高端市场化养老模式

比如上海有泰康人寿养老,属于社区机构养老模式。入住这些机构的老年人大多经济实力较强,因而一般生理、健康保健、康复训练等需求都能得到满足。但家庭伦理文化需求和精神信仰需求未必能满足。因为在物质需求得到满足后,人们对家庭伦理生活和精神信仰的需求会更强烈。寂寞感、孤独感和失落感不会因为物质的满足而能得到同步满足,尤其是多样化的家庭伦理、精神信仰和工资收入、财产收入没有必然的相关性。据调查,这些经济实力较强的老人仍然有很多需求得不到满足。具体原因还有待进一步调研,其中包括市场前景调研、政策支撑调研、高端养老群体的需求调研,毕竟有时候调研方法的不科学、典型选择的不典型都可能导致幸存者偏差。这种高端养老模式大多以市场化为导向,以高收入群体为服务目标,以集团化、公司化为经营战略。

(二) 中低端民营养老模式

以中等收入、中等偏上收入群体如事业单位、公务员、科研院所、国有企业等员工,以上海某区为例,在近年来不断投资改造和新建养老院的情况下,依然是一床难求,建设的速度依然不能满足入住的需求。

(三) 公建民营模式

除上述政府投资兴建、直接经营的养老院外,政府还逐步推广了公建民营模式,由政府建设或租赁场地,通过政府购买服务方式选择民间机构运营。上海各区县正在推行这类养老模式。据不完全调查,这类模式仍然供不应求。尽管如此,这些已经入住老人的家庭伦理需求和精神信仰需求是否能得到满足、有多少人能得到满足、多少人得不到满足,还需要进一步研究。根据近一两年对某养老院的调查，周六日是家属开放日，很多老人望眼欲穿，盼家人探亲，但只有个别家人能来探望。物质的满足取代不了家庭伦理亲情的陪伴，这也导致大多老年人不喜欢、不愿意入住养老院，但其实未入住的也未必都能满足需求。

二、绩效管理新要求

政府购买服务不仅为养老服务提供了新机会，也为养老服务提供了新要求，这个新要求既是政策激励又是法律法规约束。其中，财政部2020年的102号令新文件中的第二十条：购买主体实施政府购买服务项目绩效管理，应当开展事前绩效评估，定期对所购服务实施情况开展绩效评价。第二十一条：购买主体及财政部门应当将绩效评价结果作为承接主体选择、预算安排和政策调整的重要依据。这也是推进政府购买服务的专业化、科学化的需要，是购买服务效率性、合规性和公平性的需要。当然绩效评估是由专业的社会组织来进行的，主要是财政绩效、会计审计等，此处还有社会工作评估，有学者和政府官员提出单一的评估方式难免会导致评估过程和结果出现一些偏差，因而多种方式评估，将政府财政绩效评估、审计评估和社会工作评估相结合可能更接近实际情况。

第六章　老年社会工作实务本土化案例

老年社会工作的实务理论从根本上区分为社会化理论和再社会化理论，这些理论解释了老年人面临个体需求和社会需求的现实，而作为社会工作的个案方法是有效解决老年问题的手段，具体到个案方法更有怀旧法和人生回顾法等具体技术手段，随着现代化转型及老龄化社会的到来，综合性的叙事法逐渐融合了早期的怀旧法和人生回顾法，本章期望把叙事法结合上海现代化转型的现实和上海独有的红色文化、海派文化和江南文化的特征，用日常生活叙事描述上海老人的故事，从另一个角度反映了上海时代变迁的社会景观。

第一节　老年人社会化和去社会化理论

一、社会撤离理论

所谓老年人的去社会化理论就是中国人常说的老而无用、老年退休或者说社会撤离理论，这种理论认为人的能力会不可避免地随着年龄增长而下降，老年人因活动能力下降和活动范围缩小，自愿或被迫脱离社会，老年人减少和外界及社会的交往，关注内心的生命体验，这样会使得老年人过上一种平静的生活。但随着医疗技术和老年人预期寿命的延长及老年人退休时间的延迟，老年人的再社会化理论又提上日程，活动理论认为，有活动能力的老年人比没有活动能力的老年人更容易感到满意，更能适应社会。角色丧失越多，参与的活动越少；自我认同度越高，生活满意度越高。但也有学者认为活动理论仅适合部分有活动能力的老年人；而对年时已高的老年人不适应，对年事已高的高龄老人，脱离理论更适应。因而对我国老年社会工作者而言，具体情况需要具体分析，对不同老年人需要适用不同的理论。

二、连续性理论

如果一个人在老年仍然能保持年轻时代的个性和生活方式，那么他便会有一个幸福的晚年，每个人不应该适应共同规范，而应根据自己个性化设计的生活模式生活，就个体而言，连续性又分内部连续性和外部连续性，内部连续性指个人爱好、兴趣，一切来源于内心的喜悦，外部连续性指参加社会活动如踢足球、打篮球。事实上很难区分内部连续性和外部连续性，人不能独立于别人生活，更不能独立于社会生活，不同点在于物以类聚人以群分，尤其是晚年生活，多数老年人更愿意和有共同价值观念及共同生活方式的人在一起，所以也会出现晚年离婚的现象。

三、符号互动理论

该理论认为人生活在一定的社会环境中，人们有时是为社会活，很在意别人的评判、态度，需要在和他人的交往中获得自我概念和自我意识，根据别人对自己的评价和社会共有的道德标准和价值体系衡量自身，强调社会符号的意义对人们的影响。当然不同的社会群体有不一样的标准，比如有的群体以聪明为荣，以不守诚信为荣，但往往每个个体喜欢自己不守诚信而让别人守诚信。还有的社会群体认为老而无用，老而无能，认为老人是负担，有的群体认为老人只是人生命周期的一个组成部分，大家不分年龄都是平等的。有的群体认为公交车上给老人让座是美德，有的认为给老人让座是歧视。

四、社会交换理论

该理论认为社会互动是一种双方交换的行为，在交换过程中，双方都能考虑各自的利益和情感，人们通过掌握物质财富、能力、成就、健康等社会认可的资源确认自己的社会地位。

五、如何应对老龄社会

以上理论解释了老年人个体角色和社会角色面临着社会老龄化和超老龄化等家庭养老和社会化养老的压力，挖掘老年人的就业潜力、挖掘老年人的再社会化能力，可以从两方面着手：

其一，从个体型老年角度看，老年人需要通过自己的努力、心态的调整，积极应对自己能力的下降、社会融入能力的弱化，重新提高社会化能力，适应不断变革的社会化形势和趋势。

其二，从社会型老年角度看，年老是一个生命周期过程，老年人变老不是老年人自身的问题，问题不是老年，问题是社会的偏见、歧视，需要调整的是社会，而不是老年人。

第二节　老年社会工作实务之倾听方法

一、人生怀旧法：直面生死，终极关怀

有效果的倾听可以恢复老年人的社会化角色，但无效果的倾听则可能对老人造成二次伤害。因而倾听与其说是一门科学，不如说是一门艺术。所谓良言一句三冬暖，恶语伤人六月寒。不过如何区分恶语和良言，还有一句古话，良药苦口利于病，忠言逆耳利于行。但可能有时候你认为的良言，别人不那样认为，你认为的忠言别人认为不是。

很多人进入老年生活后喜欢回忆过去，从过去生活中发现自己的价值，总喜欢向别人诉说自己以前的英勇事迹。心理学家把这种现象称作"回归心理"，这是一种喜欢沉浸于过去的回忆中，认为过去比现在美好的心理。其实不光是老年人，就是年轻人在生活中遇到挫折时也喜欢回到过去，因为今天永远是烦恼，过去依然是过去，明天还没到来。关于回归心理，社会舆论和学术界众说纷纭：有的认为老人过度怀旧会影响身心健康，比如美国耶鲁大学发表的一项研究结果，和那些很少怀旧的老人相比，过度怀旧、惧怕衰老的老人反而老得更快，也容易患上认知类疾病。但是也有科学家指出，"怀旧"可以激发老年人的长期记忆，是对人生重新审视的标志。

"人生回顾"是指我们透过回忆过去生活经历的过程，很多人在反省过去的人生困难或挫折时，可做到接纳自己的过去、认同自己一生。尤其是老人在即将面对死亡时，很多时候都会回顾人生，为生命的最后一个阶段做积极准备。老人在回想过去时，一些平常很少想起的冲突、

失败或挫折可能会浮现出来，让老人将自己一生重新评价，从而接受自己。如果他们能肯定自己的一生，也能坦然面对将来的死亡。

老人在面对着生命挑战和健康挑战的情况下，回忆和重新体验过去的快乐时光也许能给他们一定喜悦。重温往日的成就和领悟生活的意义，有助于老人完成自我整合和自我反思过程。有些老人的缅怀也许会带来痛苦，他们或许会感觉到他们还没有达成任何成就，他们会认为这一生是白过，他们或许会认为自己并未找到完整的自我，从而对自我感到绝望。社工要帮助老人反思生命的意义。通过社工的引导，"人生回顾"为老人提供一个实现未完成心愿的机会，修复未解决的问题，完整"自我"重构的过程。回忆的过程是要找出正面和负面的记忆，专业辅导技巧可以帮助老人重整和接受过去发生的一切。

综上所述，人生回顾法是更深层的生命总结和终极关怀，使得老人面对死亡时能坦然面对生命的终点，消除对死亡的恐惧。

二、人生缅怀方法：重温辉煌，找回自我

人生缅怀法主要是老年人回忆过去的光辉事迹，激发老年人社会化的角色和潜能。而现在科学技术的发展和医疗技术的进步，预期寿命的增加，使得老年人需要重新定义何为老年及生命的价值。

个人经历不同，对这些事情的看法也不尽相同，但在我们的社会实践中，有时候很难分清人生方法和人生回顾法，有的只是技巧的差距、阅历的差距和经验的差距。在实践过程中，有时候是用小组方法倾听，所谓小组方法也有两种不同的形式，倾听小组对诉说小组，团队对团队；一个倾听者对多个诉说者，或多个倾听者对一个诉说者。

"缅怀"指我们重温过去的事件及经验，重新感受该事件所带给我们的喜怒哀乐，并与他人分享这些经验，以增加彼此的认识，加强大家的关系。老人很容易会因为与人疏离而失去了社交技巧。缅怀法可以用于一人或者小组里。缅怀昔日的社交生活、约会和恋爱、生儿育女等情境，都能帮助老人进行正面思考。

"缅怀"的一个目的是要与老人一起进入开心快乐的回忆中，帮助老人改善目前的情绪。不单只是要"缅怀过去的好日子"，而是要制造一个更适应现在的情绪状况。围绕儿时全家外出度假的传统，可能令老人释放与往事相关的正面情绪。这种感受会带到现在，并有助于消除抑郁。这样的缅怀是叙事式的，重述能够令人感到快乐，提高老人的自尊。缅怀的另一目的是要通过回忆老人过去如何成功地面对困难，从而增强老人的自尊心，提高应付能力。当老人正在学习面对慢性疾病的考验时，回忆过去对于老人如何应对其他挑战是很有帮助的。将这些引导到目前情况，有助于老人回忆和重新运用自己过去用过的但被遗忘的应对技巧。

缅怀治疗可以以个人或小组的形式进行，具体情况具体分析，适合个案访谈的用个案访谈法，适合小组访谈的用小组访谈法，其中小组缅怀活动最为常用，因为这可以让更多老年人受益，在一般养老机构里也比较常用。譬如老年人中心、养老院、日间中心等。如果缅怀的目的在于鼓励老年人增强社交关系，小组的形式可以有效地促进个别老年人和其他老年人的交往，小组内的社交关系还可以延续到小组以外。此外，小组也可以帮助不同老年人之间建立友谊。总之这些小组缅怀活动都比个案访谈法有优势。

第三节　叙事治疗

叙事治疗结合了怀旧方法和缅怀方法：在怀旧中体验生命价值，在缅怀中体验生活价值；叙事治疗是后现代主义的个案工作方法之一，以日常对话为基础，从多元视角切入，重新审视社会工作过程，透过故事叙述外化解构，使人变得更主动、更有活力。目前很多文献将它称作叙事实践。但后现代主义应该以奥地利哲学家维特根斯坦（Ludwig Josef Johann Wittgenstein）开创的后现代主义思潮为源头。怀特（White）认为，叙事治疗的理论脉络包括存在主义、后现代主义、符号互动主义等多种理论，目前很多文献强调叙事实践和叙事治疗。

一、日常生活叙事

日常生活叙事是一套治疗工具和技术，在这个层面上属于科学技术范畴。同时，日常叙事还具有再社会化功能，这是重新构建或者重新肯定老年人再社会化角色的过程。社会工作者和服务对象共同反思，调整对生活、生命的态度，重写生命故事。服务对象对自己的经验有时会感到困惑，有时会感到兴奋，有时会和社会工作者一起分享过往经验。

社会工作者和服务对象一起辨别、选择性地挑选出自己喜欢或有益的故事，这一过程有利于把服务对象从疑惑或压抑中解脱出来，这个过程一旦完成就使得个人可以更有活力、更乐观、更有生命力。

二、叙事过程

社工和服务对象一起挑选出认知一致的困扰问题或者疑惑问题，社工再用适合的语言将服务对象从标签化的社会歧视中解放出来。

首先，将问题拟人化，使用隐喻和想象，让服务对象和家庭把自己的问题外化为别人的问题，不再将自己看作是无用的人，不再让服务对象自我歧视。

其次，将自己的问题外化，社工和服务对象一起面对这种外化问题，并找出外化问题的解决方案。通过倾听和叙事，找出过去的证据，证明服务对象有能力解决自己面临的困惑和问题，社工协助服务对象重新社会化。

最后，引导服务对象和其家庭成员思考未来的生活，并规划自己未来的生活，从过去的人生中获得新观点、新动力。通过小组方法或社区方法听取服务对象表达新故事，获得新认同。

三、沟通技巧

（一）问话：每当问一个新问题，就能产生一种新生活，提问本身就是一种创造，对话也能产生火花，因此提问、问话显得非常关键。中国古语说"酒逢知己千杯少，话不投机半句多"，问的第一句不投机就被堵上了对话的大门。但如何能一开始就达到"酒逢知己千杯少""见面熟"的效果，需要理论学习，理论是别人经验的总结，更需要后天的实践。

（二）倾听：倾听既是一门技术更是一门艺术；学会听话，中国语言博大精深，有的是间接表达，有的是直接表达，有的是话里有话，有的是话外有话，有时说者无意听者有心，有时则言不由衷；如果语言沟通、掌握不当可能会对服务对象造成二次伤害。倾听是一门艺术活，尊重服务对象的叙事权利，重视服务对象的感受和独特性。

（三）回响和强化：对对话者的反应要求听众给予反馈和回应，有时说者不需要反馈，但可能会偏离访谈主题，适当回应可以纠正偏离主题的情况；有时说者需要反馈，需要认同和赞赏，但反馈和回应应该是具体、详细、精准的，否则会被人认为不礼貌，需要把反馈和回应的观点中的理性因素和感性因素结合起来，同时还应平衡叙事者和社工的认知偏差。

第四节 老年社会工作案例——倾听和叙事

上海这个城市具有独特的红色文化、海派文化和江南文化的融合性、开放性和包容性,而上海这些老人的经历见证了上海这个城市的风风雨雨和历史发展。本章用专业方法挖掘老年人的潜力,满足老年人的精神文化需要,提高老年人的再社会化功能和能力。用专业社会工作叙事方法讲好上海故事。

一、江南民间艺术家——唐洪官

"一口道尽千年事,双手对舞百万兵。"皮影戏的神奇,全在指尖功夫,小小皮影在指尖上飞舞,方寸之间,指尖挥舞出刀光剑影、金戈铁马。千军万马是他,单打独斗也是他。皮影艺术源远流长,起源于汉代,兴盛于唐宋,自北宋后随着衣冠南渡,皮影艺术也传到江南,后来皮影艺术作为中国的民间艺术,为百姓喜闻乐见,大受欢迎。皮影艺术如今在全国各地流派众多,东西南北中,各有千秋。皮影戏,俗称"皮人戏""影戏",松江也称"皮囡头戏"。松江皮影戏创始人是毛耕渔先生(1850—1907),也是上海皮影戏的鼻祖。他 26 岁赴浙江拜殷茂功为师,潜心从事皮影戏 31 年,继承了江南皮影戏真传,创立了具有上海特色的皮影艺术。

松江历史悠久,被称为"上海之根",位于松江区东北部的泗泾镇,距今已有一千多年的历史,素有"百年上海,千年泗泾"之说。在这样的悠久历史、文化背景熏陶下,江南文化土壤孕育了出色的民间艺术家。今天我们访谈了皮影艺术第六代传人唐洪官。唐洪官先生曾经师承俞友三、陆留其等老一代艺术家，他们个个都是多面手，除制作皮影外，也在后场负责配音、敲锣；中场吹笛子、拉二胡；前场负责表演和演唱，可谓身兼数职，多才多艺。而这恰恰是最为濒危，也是最需要有人传承的。老一辈的艺术家陆留其、朱锦洪相继去世后，唐洪官担起泗泾皮影戏的重任，考虑到年龄渐大，唐先生逐步培养接班人，他把皮影的制作工艺、演出的基本调子、念白、唱腔等悉数精心传授给徒弟唐家昌，希望他能继续传承这一民间技艺。

（一）曾经万人空巷

1939 年，唐洪官出生于泗泾农村，父亲是皮影戏班吹笛乐手，他从小耳濡目染接受民间音乐的熏陶，对吹拉弹唱有浓厚兴趣。16 岁时，拜俞友三为师，正式学习皮影戏表演。学习过程艰苦，他从基本功开始，不断摸索、练习，唱腔、笛子、二胡、敲锣等都是必修课，虽然艰苦，但是由于热爱，便修炼了一身的本事与功夫，也渐渐地参与到正式演出中。皮影虽然是为百姓演出，但时间长了，它也成了演出者自己内心情感和内心语言的表达。刚出道那几年，他一般行走在周边市县，如周庄、昆山、青浦、七宝等地。皮影艺术表演一般是在秋天农闲时节进行。皮影艺术表演是团体合作的集体艺术，表演皮影就需要两人搭伴，分上手和下手，一般情况下由师徒二人组成。另外还需要吹、拉、弹、敲各色乐器演奏配合，5 人搭档才能完成。

过去演出艺人完全靠实力吃饭，演出节目的质量高低由人们口口相传，技术和声誉就是艺人的饭碗。那个时代也不需要专门打广告，草根艺术生于草根、成长于草根。只要表演技术高超，人们会口口相传：一传十，十传百，很快唐洪官先生的表演艺术声名远扬，十里八村、大街小巷无人不知、无人不晓。每到一地演出，场场爆满，村里村外被围个水泄不通，人山人海。出去演出，通常十天半月连着赶场巡演，既受观众喜爱，也能自得其乐。每每说起外出表演，唐洪官就会开怀一笑，俨然如昨天发生的一样。他们有时演出到精彩之处，观众会要求延长表演时间，基本上晚上演出分上半夜和下半夜。当年农村人有农村人的娱乐生活，城市人有城市人的生活。上海人可以看电影，欣赏西洋乐器演奏；农村人就看皮影表演，萝卜青菜各有所爱。松江皮影戏主要以西乡调为基础，逐渐形成独特的板腔体音乐，念白大多用松江方言、泗泾土语，间杂京昆念白，是深受大家喜爱的民间"草根"艺术。演出的标准配置是"2+3"，"2"指的是皮影戏台后只有两位表演者，一个上手一个下手；"3"指的是每场演出至少有三位乐手：鼓板、二胡、笛子，少则三人，多则十人。当时他们演出的足迹遍及七宝、青浦、周庄、闵行、佘山、天马山、昆山（当年江苏昆山亦属松江区划）。最风靡的时候，在上海大世界连演三个月，若放在今日，可谓"一票难求、万人空巷"。但当时的农村人没钱，因而收费标准非常低，甚至有时没有标准。以村为单位收取，村民有多少给多少，有些拮据的，不给现金，给一些大米、黄豆等农副产品，戏班亦欣然接受。只要有口饭吃，能满足大家的精神生活需求就行，有的还是友情出演，免费表演；在大世界演出就有所差别，有统一的收费标准，戏班子从门票费中抽提成。

（二）挫折后的复兴

皮影演出的盛况在1966年后渐渐陨落，唐洪官偷偷在地下挖坑埋书，珍藏了《西游记》《薛仁贵征西》《岳飞传》《朱元璋》《英烈传》等珍贵藏书与剧目。有书有剧目便有了力量，可期待有朝一日恢复演出。直到20世纪70年代中后期，皮影戏才重获新生，唐洪官也挖出了尘封已久的藏书，重新开始练习。唐洪官与几个老艺人一起努力，从头开始，在漫长的努力与重建筹备中，使得皮影戏终于在 20 世纪 80 年代中期渐渐复兴，重获新生。然而，恢复期的等待与筹备并不容易，民间艺术表演是连续多年积累和创新的一个过程。三天不练手生，何况十年的中断。1983 年开始，经过多年的训练学习，皮影艺术在松江泗泾重现生机。2006 年，在老艺人们的不懈坚持与奋斗传承下，松江皮影戏被列入上海市非物质文化遗产名录。

（三）新时代的传承

随着改革开放的推进，人民物质生活水平提高的越来越快，新生代的电影、电视、广播等现代传媒的发展，年轻一代的生活方式越来越多样化、个性化，流行歌曲、舞蹈、KTV 等越来越受青年一代的追捧，传统艺术的观众也越来越老龄化。正如十锦细锣鼓的传承人彭景良先生所说，皮影艺术的观众和表演者几乎是同龄人。表演者越来越少，观众越来越老、越来越少。如何挖掘、保护、创新这一传统艺术，一直是唐洪官先生考虑的问题。所幸，皮影艺术后继有人，唐洪官在前些年收了弟子唐家昌，师徒俩和十锦细锣鼓的传承人彭景良先生等人一直为传统艺术表演奔波劳碌。

如今，他们靠政府支持又获得了新生，每周四下午他们都会在泗泾镇"马泗滨堂"（"马家厅"）演出，每月周末在松江区非遗传习基地表演一场。但如何创新，如何让年轻一代喜欢皮影艺术是唐洪官师徒一直思考的问题。问及唐洪官先生的子女是否继承了他的皮影艺术，唐老先生表示他有一儿两女，都没有学习过皮影。他也理解孩子们的选择，谈起家庭成员，唐洪官满心欢喜，他最喜欢节假日，逢年过节，他们一大家子都会相聚在一起，四代同堂，大家庭共有 16 人，其乐融融。但如何把传统皮影艺术推陈出新、发扬光大则成为唐洪官先生心心念念的一个大问题。他已经开始了新的探索，访谈快结束时，他引领我们去皮影戏的排练演出场地"鸿绪堂"。我们在演出舞台的后台观赏，琳琅满目、色彩丰富的皮影形象让我们叹为观止。有传统的文武官和英雄人物形象，也有新式的卡通形象。这些新形象大都出自目前在大学里学习绘画艺术的唐家昌女儿之手，她用绘画画出皮影，结合现代电脑软件设计了一套卡通风格的皮影画，例如"两只老虎"等卡通形象。他们希望把皮影艺术卡通化、电子化、大众化，争取早日把新生代儿童吸引到皮影艺术中来。

离开时，老艺术家们热情相送，唐老先生热情地将我们欢送至门口后，戴上草帽、骑上电动车也准备回家。唐老先生业已耄耋，却精神矍铄。站在门口朝我们憨然一笑，挥手致别。我们讶异于看到的唐老先生竟与田边老叟并无二致。转念一想，正如老艺术家们无数次提到的"艺术植根民间"，源于"草根"。他们农闲时是艺术家，农忙时是农民。正是由于这样的演绎背景使得他们更接地气，更加贴近民众，也使得这样的艺术更具感染力和亲和力，为大众所喜爱。

二、永远的舞者芳芳

地点：九亭镇老年协会；人物：芳芳老师；时间：2018 年 6 月 1 日上午，国际儿童节。芳芳老师如约而至，眼前的她虽已退休，但岁月似乎特别偏爱她，虽历经沧桑，依旧青春靓丽。听她的人生故事个中酸甜苦辣、五味杂陈，其丰富的经历、精彩的人生给人留下了难忘印象。她历经磨难，身上却依然焕发出青春的活力。2 个半小时的访谈，转瞬即逝。其间有好多电话找她，一会儿有人要求加入她的时装表演队，一会儿有人要求加入她的舞蹈队可见其生活的充实。大概人生的意义能在芳芳老师身上得到诠释，才不枉来人世一次。

（一）童年的梦想

芳芳老师有个幸福的童年，她1954年生于上海普陀区一个工人家庭，自幼家境优越，爸爸是机器厂领导，妈妈是工人。从幼儿园到小学一直比较顺利。她的童年可谓是无忧无虑，且有唱歌和跳舞的天赋，幼年时身体素质各方面全面发展，小学时就加入了宋庆龄福利会的儿童合唱团，还是学校体操队成员。爱好多样，多才多艺。她童年的梦想就是上音乐学院，当一名歌唱家。家庭和美、其乐融融、天真烂漫、无忧无虑是她童年生活的写照。

这样的美好生活总是不能持久，有人说，不经历磨难不配享受幸福生活。有时候人生不全由自己做主。在那个年代，人们都被时代裹挟。在她小学二年级时，国家大搞三线建设，上海很多工厂企业响应号召，支援内地三线建设。她爸爸当时是三线工作组组长，身先士卒，率先垂范，离开上海，一家人去了四川涪陵地区的一家军工厂。眼看她的音乐梦就要破灭，童年的她一直求着妈妈想办法。经妈妈努力，芳芳和大哥留在上海和祖母一起生活。另外四姐妹随爸爸妈妈远赴四川。从此一家人开始了两地分居生活。在小学六年级时，她以优异成绩考入上海音乐学院附中，歌唱家的大门向她打开。然而1966年"文化大革命"开始，音乐附中停止招生，芳芳的歌唱家梦想破灭，只好就近入学，入读曹阳三中。中学毕业后，同时代的年轻人只有一个选择，响应号召上山下乡，到农村去，到祖国最需要的地方去。恰好当时解放军江西建设兵团在上海招人，芳芳和家人商量后决定报名参军。

（二）磨难和辉煌

1970年5月20日，芳芳光荣地加入解放军江西建设兵团，到江西抚州市资溪县境内的一个林场，开始了军旅生涯。这一年，芳芳同战士们一起割稻、养猪、打靶、排练，她不怕吃苦，从战士升为排长。1971年2月，江西建设兵团解散，时代再次把芳芳推到人生的十字路口。芳芳很无助，不知道人生的下一步该怎么走，路在何方，她彷徨、苦闷、无助。人们说父爱如山，在最无助的时候，爸爸来农场看芳芳。爸爸很惊讶，这还是自己的乖女儿吗？几年不见，漂亮的女儿变黑了，变胖了，变得同男战士一样结实了。芳芳看到爸爸心情十分激动，父女几番寒暄后，芳芳表示对爸爸的感激。由于自己的文艺天赋，县文工团当时招人，芳芳是最佳人选，被文工团录取。

在县文工团，芳芳迎来了人生职业生涯的第一高峰，由于她唱歌、舞蹈、戏曲、主持节目样样精通，干一行，爱一行，深得领导和同事称赞，社会知名度也迅速提高。在省市文艺团队比赛中拿到了多项大奖。也是在文工团，爱情不知不觉来敲门，她遇到了知音伴侣，恋爱结婚水到渠成，丈夫是团里骨干，夫妻俩志同道合。想起那段日子，虽不大富大贵，但婚姻幸福、家庭美满，1979年，他们爱情的结晶——女儿出生，更为小家庭增添了许多乐趣。

1979年是芳芳家又一个转折之年，甚至是全国很多家庭的转折之年，改革开放的春天来了，爸爸的职位得到落实。他们一家打算与爸妈团聚。1982年，一家人终于去了涪陵，夫妻同时都被调入涪陵市歌舞剧团。一切都是新的，新生活、新单位，对芳芳来说在新单位打开一片天地是迫在眉睫的事情，芳芳心里没底，因为歌舞剧团的领导和同事都对芳芳的专业水平持怀疑态度，彼时团里已经有几位演员，这几位都是音乐专业科班出身。团里让她用四川话表演歌剧《孝顺儿女》。没想到，芳芳一口流利的四川话把剧中"大嫂"这一角色刻画得惟妙惟肖，观众的掌声证明了芳芳的实力。1984年芳芳迎来人生中第二次巅峰，这一年，她带队参加了四川省的"蓉城之秋"音乐会，并斩获大奖。也在这一年，她像中彩票一样好运接连不断：晋升中级职称，光荣加入中国共产党。社会影响也迅速扩大，峨眉电影制片厂邀她出演一部电视剧的女一号，大众电视杂志还报道了她的事迹。同年她也进入了四川音乐学院深造，师从陈世华教授学习声乐，童年的梦想终于在四川实现。这时，芳芳的爸爸妈妈已调到成都工作。而丈夫则一心想回江西南昌老家发展，于是1989年年底一家人便回到南昌。

（三）巅峰时刻

1990年，回到南昌的芳芳进入一家房地产公司，因为她的爱好特长，公司安排她担任工会主席，她也做的很好，业余时间还参加市里的歌舞表演和比赛，再次获得各项荣誉奖励，很快她就成了南昌文艺界名人。受领导赏识，她兼任公司的办公室主任。同时，她又去中央党校进修会计专业，经过两年学习拿到了会计从业资格证。此时她已升任公司副总经理，并独立负责开发一个项目。因为她自己名气大，人脉资源多，为公司创造了很大效益，从文工团女主角摇身一变成为房地产公司副总。人生只有想不到，没有做不到，对芳芳而言，她想得到也做得到。芳芳跨界了，而且跨界得很成功。

1992年邓小平南方谈话后，上海迎来了改革开放后的第二次大发展，大量外资企业纷至沓来，浦东开放、开发吸引了世界的目光。1993年前后，她的一位闺密，时任一家中美合资房产公司的总经理，以副总经理职务邀请她加盟。南昌的一位区长极力挽留，推荐她做城建集团公司总经理。在人生巅峰时刻，她有点犹豫，是走还是留。这时女儿已考入上海一所大学读书，为了女儿，她选择回上海发展，她应闺密之邀，出任那家中美合资公司的副总经理，负责房地产开发项目。在房地产公司的日日夜夜，生活充满挑战、机遇，有劳累的辛苦，有挣业绩的快乐。合资企业设立之初，经历了一些不快，后来公司快速发展，彼此经过了一段蜜月期，自己也从公司的发展壮大中受益良多。她的资产收入也得到快速发展。她老公的工作也在她的帮助下从南昌调到上海。可公司发展犹如家庭过日子，难免磕磕碰碰，合资双方也会发生一些摩擦，甚至有时候矛盾还比较大，尤其是双方有观念、利益冲突时，她经常处于左右为难的境地，最终选择了退出。

（四）永远的舞者

就在芳芳职业生涯从巅峰走下坡路时，她开始反思自己，未来的路如何走，是在房地产行业打拼，还是回归自己起初的梦想。最终她听从内心呼喊，从事文艺老本行，大约在2000年，她搬家到九亭镇居住。这期间，她利用自己的特长给婚庆公司做司仪、做主持人。彼时，九亭镇老年协会成立，她加入协会，负责文艺工作。芳芳老师对目前的生活很知足，她的时装队也开始在松江崭露头角，知名度越来越大。现在她的时装队成了香饽饽，一般人要加入还需要符合身高、体重等条件要求。她的团队也已经成为松江老年人的一张名片，在全国、省、市、区大型时装比赛中获奖无数，多次被评为优秀团队，她本人也获得上海市"优秀志愿者""十佳文体之星""优秀团队负责人"等称号。访谈结束后，芳芳老师感慨道："舞动的青春最美丽！"

三、我的留洋路：上海人在南非

访谈杨阿姨是在2018年7月13日上午9点，松江九亭地铁站附近一家肯德基餐厅内，上海已经出梅，天气异常炎热。距第一次访谈已过去1个多月。眼前的杨阿姨一身深蓝色裙装，端庄、优雅而不失和蔼；

谈吐风趣又不失知性。与上次的默默无言形成了鲜明对比。生活中就有这样一些人，初次见面印象平平，泯然众人，随着访谈越深入却越发感觉金玉其内……

（一）难忘的小学

杨阿姨原籍江苏溧阳，20 世纪 50 年代中期出生于一个典型的普通工人家庭，爸爸是工人，妈妈是电子元件厂工人，家庭的社会地位、社会声望都较一般人要好，生活无忧。她自小在闸北区工人新村成长读书，7 年高小，4 年初中。一切都是那么平淡、顺利。没吃过什么大苦，没经历过什么大难。

杨阿姨唯一的遗憾就是没读大学。那个时代的人际关系纯朴，师生关系简单。她学校生活印象最深的是一位蔡老师，有次牙疼，疼痛难忍，老师带她去医院检查拔牙，费用由老师自掏腰包。多年以后想起这段经历，她对那位老师仍心怀感激。也是那位小学老师蔡老师教会了她做人的道理，要善良、有爱心，帮助别人快乐自己，这成为她一生最宝贵的财富。蔡老师不仅是她最喜欢的老师，也是那个时代最可爱的人。后来，时代的大潮改变了杨阿姨的人生轨迹，她自幼聪明好学，喜欢读书，按照正常的人生轨道，她可以读小学、中学、大学，但实际是她勉强读完中学，就响应号召上山下乡，她同当时很多青年同学在 1975 年下乡到江苏大丰农场，与农场职工一起劳动、一起生活，3 年后，全国迎来了改革开放的春天，也迎来了知青的春天，全国知青大返城，她很幸运地回到了上海。

（二）电子厂工作

她接妈妈的班在上海电子元件厂工作，由于自己聪明好学，业务精通，更重要的是与人为善，很快就得到同事和领导认可。她从车间被调入厂质量检验科，在厂里恋爱、结婚。她爱人也是厂里的技术骨干，业务熟练，技术顶尖，在那个日常家电短缺，甚至一台收音机都是奢侈品的年代，她爱人竟能自己买电子元件组装收音机、电视机。结婚后，家里的电视机就是自己组装的。那时虽然不富裕但非常温馨，与丈夫感情笃深，夫妻恩爱，日子平平淡淡，有滋有味。婚后一年他们的儿子出生，更是给这个家庭增添了许多欢声笑语。改革开放的大潮席卷全国，市场竞争很快激发出社会经济的活力，人们的生活水平极大提高，同时市场竞争越来越白热化，她所在的国有电子厂面临着巨大的竞争压力，后来企业转制，下岗待业。用杨阿姨的话说几件时代大事儿这一辈子都赶上了。

（三）南非洋插队

1992年邓小平南方谈话后，全国兴起经商热潮，好多上海人去深圳打工，杨阿姨则在朋友的帮助下漂洋过海去了南非。说起去南非打工的生涯，杨阿姨笑称是第二次插队下乡，第一次去江苏农场，第二次去南非。当时她们的儿子已经11岁，夫妻俩都面临下岗失业的问题，儿子读书上学需要经济支持。她与老公商量后，决定去南非打工挣钱、养家糊口，老公虽然勉强同意但也有不舍。去南非能不能挣到钱，能不能生存下去对杨阿姨来说是个未知数，杨阿姨文化程度不高，英语水平几乎为零。南非充满了希望和诱惑，也充满了挑战和未知。话说当时很多上海人都去深圳打工挣钱，为何杨阿姨要去南非呢？这里需要提及她的舅舅和姑表哥哥。表哥一家属于早期投资南非的华人，一家早已移民南非且在南非有工厂和企业。当时去南非仅护照等费用就需要4500美金，对已经下岗的杨阿姨家是个天文数字，万不得已只好向舅舅求助，舅舅二话不说赞助她 2000 美金，剩下的她东拼西凑算凑齐了去南非的费用。费用凑齐后也有朋友提议她可以在上海开个 KTV 或者餐厅，为啥非要漂洋过海去南非呢？经过一番激烈的思想斗争，她还是下定决心，告别丈夫、儿子和父母，只身坐上了飞往南非的航班。她还清楚记得在德班下飞机后，表哥开车去机场接她。1993 年年初，她开始了在南非的打工生涯。表哥由于在南非时间较长，人脉资源丰富，介绍她去一台湾地区的同胞开的中餐馆打工。

她第一次接触到各色人等。在餐馆里打工的有当地黑人，有印度人，也有华人。大家操着不同口音的英语。老板和老板娘对杨阿姨比较客气，也比较照顾，还特意安排一个叫伊丽莎白的黑人女孩在下班后教她英语口语。这样白天打工，晚上与伊丽莎白学习英语口语，大家彼此相处还算愉快。后来，表哥也建议她换个地方打工，她在那个中餐馆工作了十多天，老板娘给了她一个月工资 800 元，800 元工资简直相当于巨款，相当于当时上海平均工资的 8 倍。

之后她去了约翰内斯堡打工，在一家批发商场专门批发服装、鞋帽及电子产品。她白天打工，晚上跟印度人、非洲人学习英语口语，工作很辛苦，但累并快乐着。这一年中，杨阿姨英语口语突飞猛进，她不记得具体哪天，突然可以用英语开口说话了，也自那天开始，她变得越来越自信了。当时，约翰内斯堡社会治安不好，尤其是晚上枪击、抢劫案频发，抢劫对象还多是华人商家。所以她们晚上一般不出门，而是利用这个时间学英语，在学习过程中大家建立了深厚的感情。

到 1995 年年初，杨阿姨有了一定的交往圈子，也积累了一些经验。她决定自己做老板。她第二次回到了德班，租了个门面，店面很小，也就 8 平方米左右。当时德班是南非第三大城市，也是港口城市，经济发达，客商云集，华人商家在这里多如牛毛。她开始卖服装。因为杨阿姨为人谦和、重信用，在华人朋友圈中口碑较好。她遇见了生意场上第一个大客户——天津人阿牛。阿牛把一批服装赊账给她，货卖完后利润五五分。店里生意很好，阿牛每隔一个月都会拉来一大车服装，那时钱特别容易赚，货源充足稳定，销售很快。当时的基本模式就是白天卖货，晚上数钱。而且那时候德班华人特别多，且她向来以诚相待，人缘又好，无论华人、当地黑人还是印度人都愿意和她交朋友。后来又碰到了一个叫小宋的上海人，在南非专做鞋帽生意，鞋子主营耐克、阿迪达斯等名牌，也赊账给了杨阿姨。那时南非对品牌的消费已经升级，销量、销路都不成问题。想起那段时间挣钱是不少，但由于当地社会治安不好，几乎每天都有抢劫案发生，她每天晚上都提心吊胆，挣的钱不敢存银行，怕被抢劫，只好放在租住屋里，然后换成人民币，隔段时间就汇给老公和儿子。华人的一个共识就是钱好挣，但也总担心意外和明天不知道谁会先来。杨阿姨这样的日子过了四五年，1998年中国和南非正式建交是促使杨阿姨回上海的一个因素，此后大批中资企业涌入南非，考虑到国内孩子、丈夫及父母，杨阿姨在2000年年初回到了上海。

促使杨阿姨回上海的另一个因素就是当地的艾滋病泛滥，令人恐慌。她在德班住处，与一个黑人邻居家关系很融洽。女主人是一个善良的医生，丈夫是一家企业高管，女儿7岁左右的样子，真是幸福美满的一家人。忽然有一天，男主人患了一种莫名其妙的怪病，低烧不退，后来有人告诉她那是艾滋病，她眼睁睁看着那一家人相继离世。这给杨阿姨的内心带来巨大震撼，昨天还在一起有说有笑的朋友转眼已阴阳相隔。在生意和生命的健康安全之间选择的话，杨阿姨还是选择了安全和健康。在她回国前夕，她的上海老乡小宋的手机店铺生意依旧红火，华人商家也如雨后春笋般涌入南非，华人报纸、华人学校、华人社团在南非的影响越来越大。在南非的社会经济、政治文化中，华人元素越来越丰富。

　　南非不仅是非洲经济强国，也是金砖五国之一，同时也是旅游大国、"彩虹之国"。令杨阿姨遗憾的是在当年一直忙着打工、学英语、做生意，竟然没有时间去旅游、去观光。更让人难忘的是她的那些非洲朋友，她靠自己独有的智慧、友善和魅力，和气生财，与人为善，结交了很多黑人朋友。虽然没有大富大贵，但也小康有余。最令人难忘的是伊丽莎白和她一起生活时的点点滴滴，那些伊丽莎白耐心教她英语口语的日日夜夜。1998 年年底杨阿姨从南非回到上海，恰好遭遇亚洲金融危机，上海房地产也遭遇危机，她没有更好的选择，在家待了一年再次奔赴南非。

　　自 2001 年中国经过谈判加入了世贸组织，中国经济再次步入了快车道，上海又迎来了经济大发展、市场大繁荣的高光时刻，人均收入已达到 4000 美元，人们生活水平、消费水平也在升级，工作机会、创业机会也越来越多。杨阿姨又决定回上海发展。

（四）便利店店长

　　再次回到上海时恰好赶上好德便利店招兵买马，杨阿姨从店员开始做起，一步一个脚印，由于有在南非的经商经验，干这行得心应手，成绩有目共睹，她被提升为店长。她担任好德便利店店长多年，给好德带来很大改观。谈起她接手的第一个好德店，她感慨万千，当时刚刚开业，连月亏损，小店经营利润本来就微薄，亏损状态持续数月，老板、员工焦虑万分。员工每天早出晚归，都很敬业，何以一连数月亏损呢？她在店里守候了几天，终于发现收银员监守自盗，擅自偷盗店里日用品，也有个别消费者去店里顺手牵羊，这样经营下去，能不亏吗？她坚决清退收银员，建章立制，如再发现，除罚款以外，还要批评教育，但也给予留用机会。对个别消费者的偷盗行为，让消费者自己选择，要么以一罚十，要么报警走法律程序，大多消费者会选择认罚。此外店里安装监控摄像头与公安系统联网。经过半年整顿，终于扭亏为盈。此后杨阿姨又出任多家便利店店长，所有她经营的便利店无一亏损、无一不盈利。她在好德一直做到退休，如今在九亭老年协会做志愿者，将帮助别人快乐自己当作自己一生的信条。

访谈快要结束时，问及杨阿姨的家庭生活情况，她说自老公去世后，自己一直用心抚养儿子，再没有重建家庭。闲暇时做些公益活动，参加同学聚会，和一两好友聊聊天、喝喝咖啡。她还想在之后多出去走走逛逛，最大的心愿就是再去南非看看，当年在南非打拼多年，没时间去旅游，这次一定要去南非这个"彩虹之国"好好看看，再拜访一下那里的黑人朋友。

第七章　社工介入贫困家庭的社会救助

随着政府购买服务试点的深入，政府对贫困群体的救助服务也在逐步推进，2015 年 4 月，民政部、财政部联合印发《关于加快推进社会救助领域社会工作发展的意见》，明确了社会工作专业介入社会救助领域的具体任务与路径，当年的意见明确了社会工作专业理念和方法在构建现代社会救助体系、创新社会救助服务模式中的作用，提出了"立足需求、务求实效""政府主导、社会参与""专业引领、创新发展"三原则；针对社会工作介入社会救助路径不畅通、社会救助领域社会工作成效评估不规范等问题，意见明确社会工作服务内容为提供"社会融入服务、能力提升服务、心理疏导服务、资源链接服务和宣传倡导服务"；服务机制为提出建立健全社会工作需求发现报告机制、服务承接机制、服务转接机制、构建政府部门、服务对象、专业机构等协同配合的服务评估模式，并且要求将社会救助领域的社会工作纳入政府购买服务范围，构建多元化的经费保障机制。①

有东方明珠之称的上海以经济、贸易、金融、文化、科技之雄厚实

---

① 汪昊 . 民政部财政部联合发布《关于加快推进社会救助领域社会工作发展的意见》[J] . 中国社会工作，2015（18）：1.

力屹立于全国甚至世界城市之林，大多数上海人也初步过上体面而有尊严的生活，然而确实也有一些群体大半辈子都没有走出过上海，足不出户，走不出自己的家门，走不出封闭的自我，这些人群是城市中的新贫困群体，他们或许因病致贫，或许因投资失误致贫，或许因产业结构调整却没提高自己的竞争力而失业，或许因童年时期的灰色记忆、家庭变故等因素把自己封闭在家里、封闭在自己的内心世界，温饱有余但发展不足。为有效恢复这类家庭的社会化功能，增强家庭成员的社会融入能力，挖掘其发展潜力和动力，上海市民政局自2015年在全市范围内推行社会救助政策试点"桥计划"，借鉴智利桥计划经验和模式，将专业社工理念、专业方法引入贫困家庭的社会救助，整合社会各方资源，融入社会救助政策体系，为贫困家庭注入新的动能，点燃生活的希望之光。"桥计划"源于智利"爱心桥计划"，是从社会保险中剥离出来，系统相对独立的社会救助制度，具有政府立规监管、社会参与、民间运作的特点。

上海"桥计划"项目是以"儿童为重、家庭为本、社区为基、预防为先"的社会工作综合服务试点项目，是探索发挥社会工作服务机构和社会工作者作用的有效途径。

"桥计划"项目试点，依托社会救助管理机构，引入社会工作服务机构，积极探索社会工作有效介入社会救助的路径、方式和方法。初步建立起社会工作需求发现机制、社会工作服务承接机制、社会工作服务转介机制，建立健全社会工作者与志愿者互动服务机制，进一步完善和丰富了社会救助体系。

"桥计划"项目具有政府购买、机构承接、社工介入的本土化、机制化和规范化的特点。民政局通过政府购买服务的模式，以社会化救助项目向社会公开招标，选择有竞争力的专业社工组织承接社会救助服务项目。这些承接项目的社工组织分为三类：专业社工培训组织、专业社工督导评估组织和专业社工实施组织。其中专业社工培训组织和专业社工督导评估组织负责对项目实施组织提供理念培训、社工技巧实操训练、专业督导、政策咨询、知识信息服务、评估指标体系制定、阶段评估和模式提炼总结。

社工从属于各街道社区组织，社工的角色是社会救助政策的解读者、协调者、参与者、实施者、推动者，通过团队的实施方案为救助对象提供心理咨询、上门调查预估、方案制定和实施、效果评估、反思。最终让救助对象恢复社会功能，提高自信心，掌握就业技能，具备就业竞争力、社会责任感，从而融入家庭、融入社区、融入社会。

第一节　游戏青年逆袭网红直播

网络让人欢喜让人忧，不到十年时间，网络购物、网络消费、网络就业已经走进了我们的日常生活，今天几乎每个拥有智能手机的人都能上网，从早到晚，网络和我们已经高度融为一体。但任何技术都是一把双刃剑，有人网上相识，喜结良缘；有人网上出轨，家庭破裂；有人网上游戏，因网交友；有人网上游戏，游戏人生。可以说我们今天深深地改变着网络，也被网络深深地改变着，这里争论较大的是，网络游戏和网络成瘾、网络游戏障碍的分界线在哪里，哪种程度算是游戏障碍，哪种程度算是正常娱乐生活。

2018 年 6 月 18 日，世界卫生组织在《国际疾病分类》中将游戏成瘾纳入医疗体系，早在 2015 年美国《精神障碍诊断和统计手册》第五版中，网络游戏障碍首次被列入一类非物质性成瘾疾病潜在的诊断条目，但究竟什么是网络成瘾，什么是游戏障碍，在广大网民中还争论不休，没有共识，尤其是新老一代对网络游戏看法分歧较大，有很大代沟。在家庭中也存在较大分歧，有时这种分歧会影响家庭关系，甚至导致夫妻反目、父母子女反目。在互联网时代，人们都能在网络世界中选择性地找到自己的志同道合者，有学者称之为"回声室效应"。早在2014年中国网民总数已经突破6.32亿，其中大学生青年群体占上网总数的50%以上。调研发现，沉迷网络手机游戏的未成年人以男生为主，占比例达到93%，女生占比例较小。这些未成年人最小的11岁，最大的18岁，14—17岁的最多。调查梳理发现，约有65%的孩子每天打游戏时间超过10小时，其中8%的孩子超过15个小时，连续玩游戏时间最长的超过38小时。接受调查的家长反映，玩游戏导致视力下降的占比42%，后果严重的还有令家庭经济雪上加霜。一些未成年人盗用父母银行账户进行游戏充值。在本次调查中，有超过50%的未成年人因为手机网络游戏充值，其中10个未成年人充值金额超过1万，最高的达到14.9万。①

根据美国DSM网络游戏的诊断标准，网络游戏障碍表现如下：沉溺于网络游戏（网络游戏成为日常生活的主要组成部分）；当被停止网络游戏后出现戒断反应，这些症状为烦躁、焦虑或者悲伤，一般情况下很难控制自己的网瘾；除了网络游戏之外，对先前的爱好和娱乐失去兴趣；尽管有心理社会问题，仍然过度使用网络游戏；使用网络游戏逃避或缓解内心的无助感、内疚、焦虑；由于参与网络游戏，损害或失去重要的工作、教育机会，损害家庭关系。基于对日常生活的破坏程度，网络游戏障碍可以是轻度、中度和重度。美国各界关于网络游戏的成因多

---

① 佟丽华. 未成年人沉迷手机网络游戏现象调研报告［EB/OL］. 团中央权益部, 2021-08-10.

年前就争论不休，有人认为是游戏公司的责任，有人认为是家长监护不力的责任，有人认为是社会监管不力的责任。

小戚，24 岁，大专文化，自 2017 年毕业后一直没工作，也不想找工作，他性格内向，不善表达也不善交际，和很多男孩一样沉溺于网络游戏。小戚家境一般，全家靠"低保"度日，母亲钱阿姨 57 岁，曾经在工厂打工，后因为身体不好，辞职待业在家，患有高血压、糖尿病，因儿子工作问题患上轻度抑郁症。父亲老戚 62 岁，视力不好，有时候在私人老板那里骑三轮车送货，挣点钱补贴家用。2018 年 3 月的一天，钱阿姨找到居委会，诉说自己每天无所事事，在家郁郁寡欢，还患有轻度抑郁症，既忧虑自己的身体和心理，又忧虑儿子没工作，多次劝说儿子外出找工作，可儿子不听，每天待在房间里玩网络游戏，她期望居委会帮儿子找一份工作，了却全家人的心病。

社工接案后，初次登门，钱阿姨热情招待，小戚避而不见，一直躲在自己房间里疯狂玩游戏，小戚爸爸出去打零工了，这就是一家人的日常生活模式，钱阿姨不停唉声叹气，"这孩子算被网络游戏害死了，一天到晚在游戏里不能自拔，也不打算出去找个工作，老这样啃老也不是办法呀，关键是从来不和我交流，我看着他烦，他看着我也烦，这日子啥时是个头啊。"于是社工提出和小戚单独聊一下，小戚房门好不容易打开，当听到社工要和自己聊聊天，小戚便说忙着呢，以后有空吧。

初访小戚家后，社工有种强烈的挫折感，深深体会到做人思想工作的不易，更何况去改变一个人。

一、小组诊断

经多方协调，项目组召开了一次由高校心理老师、居委会志愿者、社会救助所领导组成的家庭工作坊。大家畅所欲言，观点各异，居委会和社救所关注的焦点是如何为这个家庭提供家庭能力支持，一线社工认为应以小戚为重点，解决小戚的网瘾问题；有老师则认为应该关注钱某的心理抑郁问题。最后大家达成共识，表面上是钱阿姨心理抑郁和小戚的网瘾问题，实际上小戚的网瘾才是钱阿姨心里的痛，而母子沟通方式是最大问题。不可否认，代际冲突、亲子关系中子女叛逆成为普遍社会问题，在自媒体时代这些冲突更加激烈。表面看是妈妈担心"网瘾"会害了小戚，实质是母子间的深层次代沟冲突。

二、方案制订

大家讨论后制订了综合干预方案：由心理咨询师负责每周为钱阿姨提供心理辅导，社工每周以"游戏玩伴"角色介入，与小戚做朋友，另外不定期组织社区活动，增进家庭成员之间的互动，最后再重建家庭沟通模式。这是一项边干边学的方案，实施成效如何还需要时间来验证。

第二节　妈妈眼中的儿子：熟悉的陌生人

之后几天，钱阿姨在电话中反复提到，小戚不知道从什么时候开始变得越来越陌生了，小时候还比较乖巧，是个乖孩子，亲戚朋友都喜欢，也爱说爱笑，大了反而越来越沉默寡言。他们就这一个宝贝儿子，为他操碎了心，要什么给什么。大概从初中开始，这孩子开始变得沉默寡言，等到上中专时，他开始迷上游戏，不和我们说话，回家吃完饭就在自己的小天地里玩游戏。我们有时让他一起走亲戚，他也不去，处处和父母拧着来，越来越不听话。尤其是小戚和父亲好像成了仇人，几乎不说话，儿子成了家里的陌生人。

一、代际冲突理论

亲子关系、代沟冲突几乎成为全球家庭教育的共同难题，根据玛格丽特·米德（Margaret Mead）的代沟理论，代沟的产生是因为文化传递的差异，文化传递的方式，又分为三种形态，"前喻"文化、"并喻"文化、"后喻"文化。"前喻"文化指晚辈向长辈学习；"并喻"文化指长辈和晚辈作为同辈共同之间；"后喻"文化指长辈向晚辈学习。玛格丽特·米德认为代际冲突正好发生在"并喻"文化阶段，这个阶段年轻人开始拥有自主权，长辈在家庭权力结构中的地位受到威胁。① 针对玛格丽特的代沟理论，刘晓东认同其相互学习和对话的"并喻"理论，"儿童和成人具有互补、互哺的关系"，"在当下这个急速发展的时代，人应该自觉地向儿童学习"，"前喻文化是一种代代相传的文化，老年人是生活中的权威，坚定地认为祖上的生活方式、价值观念是不可改变的，他们严格地控制年轻一代完全沿袭长辈的道路。在这种'前喻'文化中，孩子是长者身体与精神的后代，长者的土地和传统的后代；孩子的身份意识和命运意识都是不准改变的。"②

二、走出家门

为缓解钱阿姨的心理压力，心理咨询师梅老师每周在社区文化活动中心定期举办心理健康沙龙，每周都有不同的主题，每周都有不同的体验。钱阿姨风雨无阻，每次都有不一样的收获。通过街道牵头的"跨越彩虹桥，发现'心'希望"小组项目活动，让每个咨询者参与进来，

---

① 玛格丽特·米德. 代沟［M］. 曾胡，译. 北京：光明日报出版社，1988：6.
② 玛格丽特·米德. 代沟［M］. 曾胡，译. 北京：光明日报出版社，1988：21.

合作完成一项任务，钱阿姨在这个小组认识了许多朋友，与之交流内心烦恼，不吐不快。慢慢地，钱阿姨开朗起来，但儿子的工作依然是她的心痛，因为儿子依旧沉溺于游戏。

第三节　社工试水游戏

　　专业导向的优势是比普通人更专业、更懂科学救助的政策和方法，在某种程度上社工是社会救助的专家或专业人士，但有时他们会犯结构性错误，一个错误是越位，代替案主作决策，这违背助人自助原则，也有涉"操纵"案主之嫌，可能会导致好心办坏事，这是专业自信滑向专业自负的问题。第二个错误往往自以为专业，反而会推远而不是拉近和案主的距离，不利于建立专业关系。比如案主喜欢吃一个苹果，你强迫他吃两个苹果；比如案主喜欢吃苹果，你给他一个香蕉。他越喜欢苹果，你越给他香蕉，这是资源浪费，还费力不讨好。第三种错误就是缺位错误，案主喜欢吃三个香蕉，你只给他一个香蕉，或者你不给他香蕉只给他喝饮料，案主不能获得满足感，这是缺位错误。但有时救助对象也不完全是理性的，人们总是对自己喜欢的偏爱有加，对不喜欢的则弃之不顾。事实上，有时候不喜欢的东西反而更有价值。比如现在很多儿童喜欢喝饮料不喜欢喝白开水，科学证明喝白开水对身体更有好处。

　　首先，要和案主建立专业关系需要放下身段，放下身段并不意味着低人一等，尊敬别人才能获得别人的尊敬。再次，和案主交朋友不是纯粹为交朋友而交朋友，而是通过"交朋友"潜移默化地影响案主，因为无论是谁，大家最容易相信的就是朋友。如果仅仅停留在交朋友的层面，那社工和案主的其他朋友就没有区别了，社工和案主交朋友的目的是通过交朋友建立专业关系，试图和案主一起改变原有的不良生活习惯，为案主提供至少两种可供选择的生活方式：由案主自己选择，而不是由社工代替案主选择。

约法三章

临别时，社工和小戚约定，可以每周玩一次网游，每次不超过一个小时，另外就是适当帮家里干些家务。小戚为了玩游戏就必须遵守规则，对小戚来说玩游戏的诱惑和约束是一体的，自己一个人玩游戏，肯定不如两个人玩更刺激、更有趣，为了玩出新花样，社工是最好的玩伴，为了和社工一起玩更具挑战性的游戏，小戚会遵守两个人的共同约定。

之后的两个月，社工每周都和小戚一起玩一个小时游戏，时间一长，社工成了小戚无话不说的知心朋友。但每次提到找工作，小戚依然不开心，尤其想起妈妈的唠叨，便更加生气，"我都这么大了，她还老管着我，管我管得太严格了"。

第四节　外面的世界很精彩

人与人之间相处，日久生情，在不知不觉中，心理咨询师和社工都成了钱阿姨家的朋友。一次钱阿姨不好意思地向社工透露了一个秘密心愿，说自己作为上海人大半辈子没有出过家门，没有离开过上海，不知道外面的世界什么样，很想出去看看。

一、走出家门

2016 年 5 月到 2017 年 5 月的一年中，永丰街道开展了一系列小组活动，西点烘焙小组、苏州一日游、广富林遗址公园一日游等活动。钱阿姨结交了许多同年龄段的朋友，体验了制作西点的乐趣，心情逐步变好。钱阿姨印象最深刻的居然是苏州一日游，她坦言："我第一次走出本市，看到了外面的世界，很好，很精彩，也很开心。"难以想象一个生活在大上海的本地原住民竟然足不出户，从没走出过上海。也许正如有人说，生活的精彩远远超越艺术，艺术来源于生活又高于生活。莎士比亚曾说过"一个没受过伤的人，才会嘲笑别人的伤疤"，换位思考、角色互换在这个案例中具有了新的含义。

二、最大的贫困

在某种程度上，钱阿姨家并不是真正的贫穷，因为她们认识到了、感知到了；特蕾莎修女曾说："我们以为贫困就是饥饿、衣不蔽体、没有房屋；然而最大的贫困是不被需要、没有爱和不被关心。当今时代，物质的丰富无法遮掩心灵的空虚，社会的进步无法修饰内心的冷漠，只因不法的事情增多，许多人的爱心渐渐冷淡了。"幸好，钱阿姨一家没有被遗忘，没有被放弃，钱阿姨自己也没放弃，这大概就是我们社会的希望所在。

第五节　优势视角：网瘾少年变直播

一、换个视角看游戏：游戏还是电竞

"网瘾少年"这个被家长和社会诟病的名词在自媒体时代逐渐得到政府的认可，只因它拓展了一个新行业："电竞。"它从洪水猛兽到新兴产业，让大众认知已经悄悄地滞后于政府部门的认定，2020 年教育部颁布的鼓励大学生就业目录指引的第 10 条明确是自由职业了"指以个体劳动为主的一类职业，如作家、自由撰稿人、翻译工作者、中介服务工作者、某些艺术工作者、互联网营销工作者、公众号博主、电子竞技工作者"，而体育总局认可"电竞"作为正式体育项目是在 2003 年，"电竞"成为亚运会表演项目是在 2018 年，人社部认可电竞的职业身份是在 2019 年，2020 年教育部正式认可、明确承认"电竞"是正式职业。从这个时间跨度看，电竞行业从业者正逐步从以前的"网瘾少年"变为正当职业，与此同时，中国电竞市场规模（包括端游市场、移动市场和电竞生态市场）总和已经达到了 1000 亿，[①] 市场规模、经济效益、就业人口已经成为国民经济的重要组成部分。但大众认知特别是大部分家长仍然认为网络游戏是洪水猛兽。据中公教育体育考研项目负责人调查，95% 的家长表示不愿意让孩子长时间接触电竞。

在本案例中，小戚妈妈认为小戚玩游戏就是不务正业，大多数居委会工作人员也持同样观点。

二、优势视角：无心插柳柳成荫

随着时间的推移，在社工和居委会、社救所等有关人员的共同努力下，紧张的亲子关系基本缓解了，社工这几个月也一直在帮助小戚跑前跑后，到街道社区事务受理中心登记就业，帮助联系各类企业，但大型企业门槛高，要求高，面试了几家后，大企业都不愿接纳，小企业小戚看不上，高不成低不就的问题依然存在。小戚遭遇几次面试挫折后又故态复萌，每天紧闭房门，昼夜颠倒，白天睡觉，晚上打游戏，刚刚缓和

---

① 芦文正. 电竞自由职业的身份被教育部承认了，但被你的家人认可了吗？［EB/OL］.人民电竞，2020-07-17.

的母子关系又慢慢变得紧张起来。社工一直鼓励钱阿姨不放弃，不要生气，要对儿子、对生活有耐心，生活是公平的，当上帝给你关上门时一定会打开另一扇窗。一天钱阿姨家里的门铃响了，快递送来了崭新时尚的沙发和茶几，正当钱阿姨疑惑之际，小戚打开了房门，说道："妈妈，你不用担心我的工作了，我虽然没有去外面找工作，但是我游戏打得好，做了游戏的主播，我赚钱了！我买了沙发和茶几，我想改善一下我们家的环境，我们把原先陈旧的家具换掉吧！"钱阿姨欣慰地抱住了儿子……

第六节　成效评估：多元视角看成效

一、初步的成绩

清官难断家务事，钱阿姨家的这场家务事已经历时三年多，心理咨询师和社工三年多的付出也算基本厘清了钱阿姨家的基本矛盾，本案中的钱阿姨，在某方面其实是成功的，她自己的生活状态不但改善了，还在潜移默化地影响着儿子，儿子学会了为家庭分担责任，而且完成了从"网瘾少年"到游戏主播的逆袭。但这个"直播网红"能否稳定持久，小戚能否以直播为职业，仍然是一个问号，如果站在任务中心论的角度看待，小戚这个新工作应该算是一份工作，值得肯定和鼓励，期望他走得更远，毕竟良好的开端是成功的一半，但从网络风险角度考量，网络游戏和网络赌博之间的距离很近，如果小戚具有一定的自控力，还是大有前途的。

二、未来的挑战

如果从家庭成员个体看，夫妻关系一直没有提及，作为整个家庭核心的重要角色父亲似乎成了可有可无的一员。我们的生活正在不知不觉地发生着变化，传统家庭中的角色在反转，原来生活中的重要关系夫妻关系不知何时让位给了亲子关系，原来承担重要家庭责任的父亲从核心走向了边缘，原来家庭中的子女从边缘走向了中心。以前一切以父母为中心现在变成了一切以孩子为中心。有学者认为大多家庭以孩子为中心本身就是家庭不和睦的原因，夫妻关系应该是核心，亲子关系应是从属于夫妻关系的，据不完全统计，凡是把夫妻关系放在第一位的，多数亲子关系也问题不大。凡是把亲子关系放在第一位的，夫妻关系一般。本案例中的父亲虽然很少露面，但他一直像一头老黄牛一样每天在外蹬三轮车补贴家用。我们应该为这位默默付出的父亲点赞，他用自己的行动支撑着这个家。

三、社工角色反思：开放社会的纠错者

在今天网络时代，社会生活中的很多概念需要被重新定义和审视，比如"网瘾"像毒品一样吞噬着青少年，多少网瘾少年被网络摧毁，多少家庭因为儿童网瘾焦虑不已，但网瘾少年变成游戏直播却为我们重新打开了一扇窗户，看到了生活的希望，也正应了那句古话，"塞翁失马，焉知非福。"福祸相依，换个视角我们会看到不一样的人生和世界。

本案例中社工介入帮助小戚找工作的过程异常艰难曲折，亲子关系的改善激发了小戚的生存动力，他能从网络游戏中获得自己的价值和生活意义。从网瘾少年变成游戏主播翻转了剧情，把自己的短处变成了长

处，真的是应了那句古话"有心栽花花不开，无意插柳柳成荫"，这可能是社工介入的最佳境界和方式，也为社工诠释了社会工作的理念——助人自助，社工的角色不是要制订一个完美的工作模式和方案，也不是要直接改变其家庭成员的观念，而是要激发家庭成员的潜能、信心和能力，社工是解决家庭矛盾的润滑剂和助推器，而不是别人的家长，一切以改变为目的，反而事倍功半，但如果能够通过社工的努力促成家庭关系的改善，其他工作问题的解决自然也就水到渠成了。

第八章　苦命媳妇伤心婆：绝望中的
"希望之光"

  阿琪，女，27 岁，松江人，外来媳妇，家庭主妇兼职打零工，有一 5 岁儿子，与公公婆婆住在一起，2016 年 8 月，丈夫因车祸去世。丈夫原先做保安，收入不高，住院期间花光家中所有积蓄，公公婆婆靠退休金生活。阿琪想找一份全职工作，公公婆婆反对，公公婆婆担心如果阿琪工作，孙子就会失去低保，阿琪则可能再婚，到时候孙子就会没人照看，老两口也无力照顾。而阿琪如果不出去工作虽生活重担难以承受，但如果选择做全职妈妈，不外出工作也可能年限达到就会获得上海户籍，代价是自己不能再婚。阿琪有时想轻生，但每次想到儿子还是咬牙坚持了下来。

  2018 年年初，与公公婆婆吵架后，阿琪感觉痛不欲生，找到居委会诉说了自己的烦恼，并觉得活着没意义，希望寻求帮助。

第一节　试水伦理贫困

上海某城区街道位于城区中心，属于老城区街道，常住人口数量达到 12 万。这些常住人口中有一些属于贫困家庭，这些贫困家庭的共同点是：父代失业或母代失业，长期处在社区边缘贫困状态，部分人对生活自暴自弃，缺乏再就业能力和再就业意愿；单亲家庭和隔代家庭并存；有些家长由于长期在家照顾儿童，只能偶尔打零工兼顾补贴家用，孩子对妈妈依赖性强，独立性差；婆媳关系紧张，缺失家庭关爱，儿童成为"事实孤儿"。

一、婆媳冲突的死结

据居委会阿姨介绍，公公婆婆坚决反对阿琪外出工作，尤其反对阿琪再婚，担心孙子成为"事实孤儿"。阿琪曾经托朋友劝公公婆婆允许自己外出打工和再婚，但公公婆婆只要听到阿琪打工和再婚的话就要寻死觅活，认为阿琪没良心，不管小孙子，太自私。居委会阿姨调节多次，但似乎陷入了一个死结，阿琪要工作，公公婆婆就要寻死；阿琪在家待着照顾好儿子，自己就痛不欲生。据居委会阿姨说，现在大家都提倡传统家文化，百善孝为先，站在公公婆婆的角度，阿琪确实应该孝顺听话，做个贤妻良母，虽然丈夫去世，可做个良母是最基本的要求。但每次和阿琪说这些话时，发现根本沟通不了，良母可以做，孝顺媳妇难当。居委阿姨多次上门调解没有结果。这一家陷入了公说公有理，婆说婆有理的两难困境。

这一家的痛苦只靠她们自己是不可能走出这个怪圈和死结的，必须给予充分的社会支持。

社会支持理论认为在一定社会支持下，分担痛苦则痛苦可以减半，分享快乐则快乐可以加倍，研究表明，从社会接触中体验到的联系感、归属感和结合感能促进个体的健康。社会支持就像对抗压力的缓冲器，因为社会联系可以过滤掉一般的麻烦和恶性生活事件的有害影响，对那些由于生活的紧张性刺激而处于情绪失落的人，社会支持就像缓冲器和补偿器一样，可以发挥积极作用。

作为上海的一个郊区老城，这个街道不只拥有丰富的传统文化资源，更拥有创新的现代化元素。因此在这里，几乎所有的家庭矛盾都反映了传统家庭文化和现代家庭文化之间的矛盾冲突，据老年协会的老同志介绍，这里过去流传一句俗语，"小麻雀尾巴长，娶了媳妇忘记娘。"过去老一辈人总是用这句话教训儿子，唯恐儿子不孝顺。传统老一辈认为，女子"嫁鸡随鸡嫁狗随狗"，"男尊女卑，在家从父，嫁人从夫，夫死从子"。但对于现在有些观念显然行不通，总不能让阿琪听5岁儿子的话吧。

二、打开心理枷锁

自丈夫车祸离世后，阿琪与公公婆婆之间的矛盾愈发激烈，又因为家庭经济重担导致整日情绪焦虑，夜不成眠，患有轻度抑郁症。社工于2018年4月在预定的时间来到阿琪家中，公婆刚好外出没在家，阿琪见到社工好像看到了救命稻草一样激动，终于有人可以和她说说话了。阿琪说她现在很头疼，很多的矛盾、很多的事情困扰着她，总是理不清头绪。

据阿琪介绍，丈夫在世的日子，不算小康，日子过得比较紧，和公公婆婆住在一起，也难免会有些磕磕碰碰，但有丈夫在，还算过得去，儿子还小，生活中还有很多乐趣。自己本来在一家超市打工，丈夫做保安，公婆退休在家负责接送孩子上幼儿园。那段时间还算岁月静好，但丈夫因车祸住院，几乎花光了家中所有的积蓄，肇事司机虽然找到，但双方因赔偿数额总是协商不一致，导致赔偿金迟迟没有着落。因此自己想出去工作，也想再找个人结婚，毕竟自己还年轻。可公公婆婆就是死活不同意。丈夫离世又拉大了自己与公公婆婆之间的心理距离，沟通成了大问题。在不到半个小时的谈话中，一直是阿琪在诉说委屈。阿琪说，公公婆婆就是个老古董，天天不上网，也没有朋友圈，还抱着老观念不放，有时候自己没事就看朋友圈里的好文章，但越看越生气，越看越觉得公公婆婆不可理喻。而且现在简直没办法和他们沟通。唯一令阿琪牵挂的就只有儿子，儿子还太小，又是自己身上掉下的肉，是她唯一活下去的勇气。阿琪说："有时和公婆吵起来，真有'叫天天不应，哭地地不灵'的感觉，自己在上海没朋友，没亲人，活着没啥意思。"

社工问："你娘家人能帮点忙吗？"不提娘家人还好，一提娘家人，阿琪更是痛不欲生，说自己来自外省的一个小山村，家里还有一个弟弟。高中毕业后，由于家里穷，弟弟还在上学，父母就支持阿琪外出打工，帮家里分担一些经济压力。刚来上海那会儿自己在一家家具厂车间打工，那时每年都往家里寄钱，好不容易等到弟弟高中毕业，却没能考上大学，弟弟也因此外出打工，之后他到了结婚的年龄，爸爸妈妈急得不行，现在农村结婚彩礼一年比一年高，光彩礼钱就需要 20 万，父母都是种地的，根本承担不了如此高昂的彩礼钱，更何况女方还要求在城里买房。"现在我老公去世，孩子又小，谁能帮我，这日子啥时候是个头啊。"

社工赶紧转移话题，劝阿琪先从最紧急的问题开始，先从肇事司机的赔偿问题入手，和公公婆婆一起在这个问题上达成一致。阿琪表示认同，之后的两天，居委会阿姨找到阿琪公婆，两位老人对此也表示赞同。

接下来的一个月社工帮忙联系区法律援助中心，把阿琪一家的申请材料提交给法律援助中心，获得了免费的法律援助服务，很快法律援助中心又为阿琪联系了一家知名律师事务所的律师。

虽然法律援助需要时间和周期，和肇事司机打官司也需要时间，但毕竟迈开了解决问题的第一步。在法律援助申请的过程中，阿琪和公婆都全力支持，双方的关系似乎也没那么僵化了。毕竟讨回车祸肇事方和保险公司的赔偿金是目前解决她们家贫困最有效的方式之一。

但阿琪面临的困惑是既想追求自己的生活，又想要家庭生活的稳定。一方面想自己出去打工，过自己想要的生活，毕竟自己还年轻，现在丈夫去世，不想一辈子守活寡；另一方面，如果离开这个家庭，上海户籍又变得遥不可及，根据现有的政策，和上海户籍人结婚，需要等待10年，如果还在这个家庭里，就得牺牲自己的幸福，这真是两难的选择。

在2018年11月份，由社工、居委会、社救所干部和高校老师组成了一个家庭工作小组，进行集体诊断。

第二节 访谈婆婆：不能承受丧子之痛

丈夫去世后，阿琪和公公婆婆发生了无数次争吵，每次都不欢而散。

一、"三个臭皮匠顶个诸葛亮"

法律是一个家庭和社会稳定运行的基础，但法律也不是万能的，也有解决不了的问题,如代际冲突问题,家庭成员的代沟问题,真是清官难断家务事,剪不断理还乱。一般从日常生活中分析家庭成员之间的矛盾主要有三个方面的内容:一是日常琐事冲突,生活中的柴米油盐等鸡毛蒜皮的小事;二是价值观的原则冲突,家庭内尤其是夫妻间出轨问题,感情背叛;三是家庭成员中的自我冲突,控制不了自己的脾气、管理不了自己的情绪,经常失眠、焦虑、绝望。

阿琪和公婆的冲突到底属于哪种类型的冲突,是关于孩子的冲突,是关于阿琪工作的冲突,是根本价值观的冲突,还是阿琪自己有过不去的坎,属于压力过大导致的自我冲突,这成为小组讨论的焦点。

社区社救所干部认为阿琪和公婆之间的矛盾属于"代沟"矛盾,短期内没办法调和。阿琪要工作,公婆反对;阿琪不工作,自己委屈。这是传统家庭伦理与现代家庭伦理之间的根本冲突。

高校教师认为,现代化推动了我国的社会变迁,尤其是家庭现代化导致了传统伦理规则和现代伦理规则的冲突,这些矛盾也不是不可调和的。夫妻关系、亲子关系、婆媳关系的矛盾看似不可调和,一切问题似乎都没有办法解决。但社工介入必须把握一个原则就是平衡原则,不要轻易打破这个平衡。如果用现代社工理念和方法直接介入反而会很快打破这个平衡,可能会导致阿琪、公公婆婆都接受不了,引起二次伤害:婆媳关系矛盾冲突无法调和,沟通更加困难,又会陷入死结。

资深督导则认为,当务之急是辨别阿琪和公公婆婆的矛盾是一般生活困难的细节问题还是传统家庭伦理和现代家庭伦理的价值观冲突,如果是价值观冲突,阿琪要再婚、要工作,这是她的权利,任何人都不得干涉。但阿琪再婚又伤害了公公婆婆,因此,想要解决这个难题,解铃还须系铃人。

阿琪以往在和公公婆婆沟通时常因三言两语不和就升级为激烈的争

吵，伤人又伤己，后来阿琪逐渐改变了策略，选择不争论，回避讨论，每天机械地过着日子。

针对阿琪对公公婆婆的回避态度，社工认为消极回避只能掩盖问题，拖延问题的解决时间，如果不改变这种消极的沟通模式，可能会带来更大的冲突，积累更多的怨恨。

最后大家商量的结果是先制定一个初步的干预方案，且这个方案随时可以调整。

（1）社工、心理咨询师和阿琪沟通，消除阿琪的经济压力和心理负担，居委会阿姨和阿琪的公公婆婆沟通一下，深入了解一下阿琪和公公婆婆的矛盾到底是属于哪种类型的冲突。（2）由阿琪和公公婆婆面对面交流，不谈工作只谈孩子，缓解与公公婆婆的代际矛盾，找出阿琪和公公婆婆冲突的性质。（3）构建阿琪的社会社区资源网络，提高阿琪一家的和解能力和阿琪的社会再就业能力。

二、伤心婆婆

在社工的协调下，社工、居委会干部与阿琪、公公婆婆开始了面谈，公公婆婆一直说儿子去世后，孙子成了他们老两口的命根子，老两口就一个儿子，还遭遇不幸，儿媳妇总是想着出去工作和再婚，就想丢下孙子不管。我们年岁已高，却遭遇了人生最大的不幸——白发人送黑发人。说着说着阿琪婆婆就忍不住痛哭流涕，公公也在一旁抹眼泪。社工则在一旁说，如果儿媳不开心，对孙子也不会好的，孩子的教育是大家共同关心的问题。现在谁家都是独生子，谁都希望孩子过得好。公公婆婆最后说，只要儿媳妇不抛弃孙子，别的都好说。但新问题又来了，如果让阿琪带孩子，阿琪上班又成了问题，每天接送孩子上幼儿园，还要给孩子烧饭做菜，基本上还得靠公公婆婆帮忙。在对阿琪儿子的教育

185

问题上，阿琪和公公婆婆也有很大的矛盾。公公婆婆认为儿子已经没了，不能再失去孙子了，自儿子去世后，小孙子成了他们老两口的命根子。有时看到阿琪训斥孩子，老夫妻就跳出来说阿琪是个不合格的妈妈，不应该这样，不应该那样。阿琪则坚持认为教育儿子是妈妈的责任，婆婆则认为，儿子的儿子是自己的孙子，自己也有义务教育孙子。

三、突破僵局

谈话再次陷入僵局，婆媳关系、亲子教育真是千古难题，之后的几天，小组一致认为，婆婆在教育上越界，阿琪在教育观念上符合当前大众认知，但即使阿琪是正确的，社工和居委会阿姨仍表示清官难断这场家务事，社工认为针对这一点应该向英国那样的现代家庭观念学习，婆媳亲子之间界限清楚，以夫妻关系为核心，而中国的家庭关系则把孩子放在第一位，刚好和英国相反。

事实上即使是英国等西方发达国家也面临着同样的婆媳难题和亲子教育难题，这是一道世界性难题。

据了解，澳洲婆媳关系也面临着挑战，澳洲一名女子在社交媒体透露，因为自己的婆婆来到自己家里重新整理了餐具和抽屉，两人就餐具摆放发生了分歧，她将餐具按照刀、叉、勺顺序摆放后，婆婆则将顺序变成了叉、刀、勺，这位媳妇后来在澳洲 Beyondblue 网站抱怨"自从19个月前生了宝宝后，和婆婆的关系就麻烦不断，我感觉我和婆婆在争夺我丈夫的所有权，我不确定丈夫小时候是否太缺乏母爱"；还有一位澳洲媳妇抱怨"虽然婆婆远住英国威尔士，平时不见面，但每隔几个月，婆婆就会来家居住很长一段时间，最近一次婆婆和我们住了8个月，我感觉像过了一个世纪，还是中世纪"。据英国卫报对英国超过20年的家庭调查显示，超过60%的女性承认，关于婆婆儿媳的关系给她们带来了长期的不快乐和压力。29 岁的珍妮来自英国伦敦北部，她婆婆在她结婚前给她发邮件，"你不知道，我儿子每天都在想着我"；然而64 岁的婆婆安妮来自约克郡，抱怨儿媳"儿媳对我冷漠，我儿子任何时候关心我时，她都心怀不满，她利用一切机会离间我和儿子的关系"①。英国剑桥大学心理学家阿普特博士在著作《你想从我这里得到什么》经过对世界数百个家庭调查发现，75% 的婆媳关系有问题，但只有 15% 的岳父女婿关系紧张；她认为矛盾主要发生在女性之间，"她们努力在家中表现自己，都在批判或者损害对方，都感觉到自己受到了对方的威胁""大多婆婆偏爱儿子的事业，希望儿媳牺牲事业，照顾家庭，儿媳则因为婆婆忽视自己的工作而感到愤怒"。

对此澳洲专家斯特梅有如下建议：

其一，双方应该换位思考，也许旁观者清，可以找第三方比如自己的朋友倾诉。

其二，作为婆媳关系的调节剂，儿子或丈夫应该让母亲和妻子看到对方的优点，在婆媳关系出问题时，自己甘当出气筒。

其三，应该尊重双方的生活习惯差异，婆婆和儿媳毕竟来自两个不同的家庭，生活习惯有差异是正常的，这是一个互相包容、互相接纳的过程。

其四，婆媳之间情感交流非常重要，搞好关系仅仅靠物质关心是不够的，双方应该多多就情感方面沟通交流。

其五，相比中国传统家庭的婆媳矛盾，英美等国家的相对独立的家庭观念、相互分立的财产观念等平等观念已经减少了很多冲突，最大的原因是距离产生美，接触少，矛盾自然就减少。

---

① 澳洲专家建议：缓和婆媳关系应学会换位思考！原来除了中国，澳洲婆媳关系也紧张！[EB/OL]．澳洲制造，2019-05-29.

无论中外，婆媳关系都是难念的经，共同的经验是作为中间桥梁的丈夫需要"左哄右骗"，通过艺术的办法搭建沟通的桥梁。但问题是阿琪的丈夫去世，阿琪和婆婆之间没有了桥梁，社工能充当这个桥梁吗？

第三节　"对话代替劝说"

随后干预小组开展家庭会议，会议上讨论阿琪家庭面临的经济困难和孩子的学习问题以及如何争取家庭救济，并申请救济补助金。大家能达成的共识是：

一、申请救济

由社工协助阿琪代为填写家庭救济申请表，并联系松江大学城大学生志愿者组织大学生辅导小组，辅导孩子的各科学业。但在孩子教育和阿琪外出工作这两个问题上还是难以达成共识，阿琪的再婚更是无法沟通。最后督导认为解铃还须系铃人，公公婆婆并不一定是真的反对阿琪工作和再婚，而是关心小孩的抚养和教育问题，还是由阿琪出面和公公婆婆沟通比较好，只不过应该换位思考，寻找共同点，不能一味劝婆婆改变主意，要用对话代替劝说。

正如心理学家荣格（Garl Gustav Jung）离世前对他的学生说："你连想改变别人的想法都不要有，作为老师要像太阳一样，只是发出光和热，每个人接受阳光的反应有所不同，有人觉得刺眼，有人觉得温暖，有人甚至躲开阳光。"① 先知柏拉图（Plato）曾经说过："人生最大的

① 荣格. 你连想改变别人的念头都不要有，只有自己才是自己的拯救者！［EB/OL］. 腾讯网，2021-09-14.

遗憾莫过于轻易地放弃了不该放弃的，固执地坚持不该坚持的。"但生活中究竟哪些是不该放弃的，哪些是应该放弃的，在不同家庭的感受和体会不一样，选择、取舍也不一样。

二、"对话"代替"劝说"

"劝说"是改变他人态度和行为的一种尝试，当以牺牲他人为代价使用劝说来解决冲突时，这种模式是消极的，但如果技巧运用得好，也可能是积极的，可以畅所欲言，把各自的分歧点开诚布公地进行讨论，有利于达成共识。

"对话"是对观点、态度、事实和感知的言语交换，在对话过程中，双方的地位和关系是平等的，讨论主要集中在解决问题的代价上，通过创造性地解决问题，在对话中"商量"是解决问题的重要方式，在商讨中要让所有参与者都感到自己为问题的解决做出了贡献，在"对话"过程中，妥协是必要的，且妥协是双方的。

在社工和居委会阿姨的反复劝说下，阿琪还是觉得很难和婆婆沟通，放不下自己的尊严，认为今天向婆婆低头，明天婆婆就会变本加厉、得寸进尺。阿琪承认"劝说"婆婆是有效的，但对话实在难以启齿，这就是知易行难吧。其实对社工和居委会阿姨也是这样，有时劝得了别人，劝不了自己。尤其是观念的转变需要时间，时间是最好的治疗师。有时候，尊严和面子真不是一回事，人们经常错误地把面子当尊严，把尊严当面子；尊严是别人给的，面子是自己挣的。

第四节　放下面子：和婆婆对话

一、渐进策略

时间到了 2019 年 3 月份，社工再访阿琪一家，阿琪告诉社工一个好消息，司法援助在律师的帮助下已经有了初步结果，由法院调节，肇事司机同意赔偿部分医疗费，剩余部分由保险公司赔偿，真得感谢社工和司法所，雪中送炭，帮了大忙，现在和公公婆婆关系也好多了，虽然仍然有些磕磕碰碰，但一想到孩子，大家多少还是能克制。现在最担心的还是自己想外出打工，苦于没有技术，自己又不想在超市打工，超市上班时间太严格，不能接送孩子上下学，儿子马上要上小学了，如果公公婆婆能帮忙接送孩子自然最好，但公公婆婆能同意自己外出打工吗？

社工建议：先别说"打工"这一敏感话题，先说外出参加培训，还是主动和婆婆沟通一下，千万别提"打工"，那样肯定会引起两位老人的反感，就说为了教育孩子，自己也需要提高，需要学习新知识。

在社工和阿琪谈话间隙，居委会阿姨也在对阿琪的公公婆婆做工作，由于肇事者的赔偿费有了着落，阿琪的公公婆婆心情好了很多，两夫妻对律师千恩万谢，就连谈到阿琪时，情绪也不再那么对立了，也体谅到阿琪的不容易。但对阿琪外出工作还是比较敏感。大家一致认同，阿琪和公公婆婆之间的坚冰似乎在慢慢融化，万事俱备只欠东风了。

二、和婆婆对话

在社工和居委会阿姨的鼓励下，为了儿子，为了自己，阿琪鼓足勇气和婆婆对话。据阿琪后来说，她特意给婆婆买了件新裙子，婆婆很开心，也没有了以往"话不投机半句多"的尴尬，阿琪说公公婆婆已经失去了儿子，再也不能失去孙子了，以后就让公公婆婆把自己当女儿看待。至于阿琪工作的事情，阿琪半句没提，只是说为了孩子的教育要去参加一个家长学校，公公婆婆感动得稀里哗啦。坚冰开始融化，希望的曙光已经在眼前，阿琪的新生活也已经在路上。

第五节　成效评估：新生活的挑战

一、新生活开始

社工通过一年的时间，运用换位思考法和萨提亚家庭治疗模式，抓住家庭面临的核心困难问题，通过居委会干部重建了阿琪和婆婆的家庭沟通模式，淡化了一些观念上的分歧。目前，司法援助介入已经帮助阿琪讨要了医疗赔偿金额和误工费。阿琪也经过培训重新工作，经济压力大为缓解。6 月份再访阿琪一家时，阿琪已经在一家会计资格考试培训班通过了资格认证考试，并准备选择合适时机在网上找工作。

二、坚冰逐步融化

追求自己婚姻幸福和再婚的话题依然是横亘在阿琪与公公婆婆之间的一道鸿沟。也许时间才是治疗家庭问题的最好良药。观念的转变是缓慢的、长期的，生活还要继续，活着就是希望。而且公公婆婆没有再反对阿琪找工作，他们还承担了接送小孙子上下学的任务，毕竟孙子身体中流淌着儿子的血液，血浓于水的亲情是老夫妻接送孙子的动力。

三、社工角色反思

　　好多初入职场的社工，凭借着满腔激情，满怀信心地去做人的思想工作，但往往会带着强烈的专业导向，书本上的理论经常会遇到现实的挑战。在个案访谈中往往会有一种强烈改变别人的冲动，如果方法不对，反而会事倍功半。比如本案例中，阿琪和公公婆婆的观念都已经根深蒂固，不懂传统文化的年轻社工如果急于用专业价值理念去改变他人，就可能欲速则不达。尤其是面对老人，他们的生活习惯、思想观念是几十年形成的，期望其在短期内改变有点不自量力。专业导向不是高高在上的，而是立足于现实生活的，我们要放下身段，向生活学习。

第九章　失业男子的小康梦

　　小组方法是一个融治疗、家庭支持和社会就业为一体的整合服务手段和工具。

　　社工运用社会救助政策资源协调组建跨专业、跨学科的专业治疗团队，协调团队力量运用问题视角做预估，诊断案主个人的心理需求、家庭关系需求和社区融合需求、社会融入需求的能力弱问题，科学分析案主的正当理性需求和超出社会救助政策范围内的非理性、不正当需求。进一步运用优势视角提出小组干预方案，挖掘案主自身优势和潜能、增强其家庭责任感和社会责任感，提高心理素质和抗压能力，培训新的知识和技能，指导就业，从而达到融入社区和融入社会的目的。最后运用综合多维视角总结评估小组方法在社会救助政策实施中的短期效果、中期效果和长期效果，并判断效果和政策目标的达成情况，反思后续的社会救助政策和行动方案。

　　本章以社工介入"结构性失业贫困家庭的社会救助"为例，通过组建两个团队：小组诊断预估团队、就业辅导支持团队，分步骤制定家庭融入方案和就业支持方案。主要实现三个目标：一是激发案主个人潜能和家庭责任感，恢复家庭融入功能；二是培训就业知识，训练就业技能，增强融入社区的能力；三是协助推荐不少于两个的就业方案，辅助就业，初步融入社会，最终恢复其应有的社会功能。

第一节　初访失业男

"男怕入错行，女怕嫁错郎"，陈先生可能就是入错行的男子。他22岁中专毕业，主修照相技术，选择这个行业主要是受母亲的影响。母亲是照相机厂的老员工，因为20多年前摄影等行业如日中天，那个年代在照相机厂工作不但可以拿高薪，而且非常稳定，是当时很多年轻人的梦想。陈先生也去了照相厂工作，不久便成家结婚了，如果一切都按部就班，陈家的小康梦想很快就能实现。但谁也没想到，陈先生的好日子仅过了几年就陡然直下，新技术的进步和旧产业的淘汰几乎同步进行。照相机厂很快倒闭破产，陈先生失业在家。此后的几年陈先生偶尔外出应聘或打点零工，但很多时候人们一旦习惯了原有的高工资、高福利就很难降低要求，高不成低不就成了他的常态，每天不是在找工作就是在找工作面试的路上。一直到2015年的一天，陈先生查出肾结石，但因治疗费用高昂只好搁置就医。然而祸不单行，屋漏偏逢连阴雨，妻子张某也因所在工厂倒闭而失业。不仅如此，命运对这个家庭更残酷的考验还在后面，妻子很快被查出患有糖尿病、妇科病、障碍性贫血等慢性病，日常生活必须一直与药物相伴。陈先生夫妻和70多岁的母亲一起相依为命，母亲曾是家里的主心骨，操持着家里的一切，也正是由于母亲自小对陈先生关怀备至、呵护有加，让陈先生一直有所依靠，以致陈先生性格有点懦弱。2008年2月的某一天，陈先生的母亲找到居委会求助，希望居委会出面为儿子找一份工作。

技术的进步确实使得上海发生了脱胎换骨的变化，而松江作为上海的制造业中心一直以高新技术产业而著名，现在由于产业结构调整，开始从制造向"智造"转型，一大批高新技术产业纷纷涌现。技术的进步成果并不能覆盖到所有家庭，尤其是近年来技术更新步伐加快，结构调整升级带来的结构性变革，一些传统制造业外迁，还有一些传统制造业跟不上技术进步而惨遭淘汰，一些工人转岗了，一些工人失业了，曾经风光一时的上海照相机企业也随着数码信息技术的发展倒闭破产，一些工人失业在家成了城市中的新贫民。案主陈先生就是结构性贫困的典型案例。

一、预估：侧面了解

社工接案后没有急于上门，而是从侧面了解了一下陈先生一家的家庭情况。据邻居介绍，陈母生性好强，里里外外一把手，大事小情一把抓，在儿子当年考大学还是考中专职业学校的问题上，和陈先生的父亲发生过争吵，父亲认为儿子应该考大学，母亲则认为儿子应该上中专技能学校，将来到照相机厂工作也不错。也因为陈先生母亲强硬的性格，陈先生父亲与其离婚，后来陈先生上了技校，毕业后如愿进入了当时炙手可热的照相机厂。但随着信息技术的发展，照相机很快被数码相机取代，数码相机又很快被智能手机取代。照相机厂倒闭，陈先生只能失业在家。

二、初次登门

3月的一天，督导、社工一行人在居委会阿姨的带领下，到陈家家访，进入家里，旧式两房，厅不大，还算干净；房不大，但比较温馨。陈先生不在家，他母亲接待了社工，据母亲说，儿子人很好，很善良，勤快，就是命苦，可能当时不让孩子上中专就好了，只图当时效益好，结果却导致了后来失业。儿子儿媳是一条枯藤上的两个苦瓜，儿媳妇家里也命苦，媳妇人挺好，但媳妇娘家：亲家公体弱多病，媳妇弟弟是先天性脑瘫。要说人有时候得认命。陈母边说边抹眼泪，一直懊悔是自己害了儿子，如果当初不让儿子上中专就不至于现在失业，真是自己害了儿子。说话间隙，陈先生回家，忙着给大家端茶倒水，陈先生给人的印象是年龄和相貌不相符合，衣服整洁，皮肤白皙，完全不像40岁的年龄，也不像失业人员，倒像公司白领。只是不爱说话，在母亲身边好像一个永远也长不大的孩子，一直是母亲在说话，他则一言不发。此后，社工和社救所干部为陈先生工作的事情没少跑腿，联系了一家又一家企业，不是陈先生看不上企业，就是企业看不上陈先生。结构性失业依然成为陈先生和母亲最大的心事。就在陈先生为找工作发愁时，屋漏偏逢连阴雨，2019年的某一天陈母因病离世，对习惯于依赖母亲的陈先生来说无疑是晴天霹雳：顶梁柱坍塌了，于是陈先生再次向居委会求助。

结构性失业是一个普遍性的经济社会问题，一方面很多高新技术企业因业务发展需要招聘大量专业的技术人员，但由于老龄化、少子化社会问题，毕业生就业总量虽然在增加，但毕业生的增量却在逐年下降，高校培养的毕业生又达不到部分高新技术企业的要求，这是一个结构性问题，同样面临着学生没活干、企业有活没人干的社会困境；另一方面中山街道原来的企业因为人工成本增加及租金、环保治理、税收社保等政策性成本上升导致很多企业外迁，部分员工失业，这些企业失业人员因技术知识和能力的约束也达不到企业的用工要求。

中山街道现大致分为南片（老城区）、中片（城乡结合区）、北片（拆迁新建区），人员结构相对复杂。中山街道现有常住人口11.5万人，户籍人口3.7万人，2017年度中山街道辖区内共上报有201户社会服务对象。纳入低保家庭 276 户（426 人）；低收入家庭 339 户，残障人士 1227 人，孤老 32 人；失独家庭 32 户，支内回沪 425 人。本项目覆盖辖区内 200 户贫困家庭，其中重点干预的重点人群有 50 户。

这些贫困群体大多为结构性困难家庭。相当于一部分失业员工因缺乏知识和技能失业后陷入贫困状态，高不成低不就，短期失业演变为长期失业，靠政府社会救济政策生活成为常态。久而久之，又会衍生出好多心理疾病，突出表现为自尊心下降、家庭不和、社区社会融入能力退化等。这些特征在这部分特殊贫困失业人群中表现出贫困的普遍性。

这些重点贫困家庭的一般表现：一是社会融入能力差、就业能力弱，自我封闭、自我孤立；二是社区认同感低，不参加社区公共活动；三是家庭关系紧张、依赖性强，独立性差，家庭责任感弱，由于居住拥挤，家庭成员之间没有隐私；四是个体有得过且过、自暴自弃的倾向，心理承受能力弱，自我认同感低，知识贫乏、眼界狭隘、消极颓废、不思进取；五是易于陷入贫困陷阱，低水平福利政策导致低水平依赖，进而导致可持续发展能力弱，抗风险能力差。

三、选择小组实务模式

小组工作的实务理论模式有社会目标模式、治疗模式和社会互惠模式，其中社会目标模式和治疗模式强调专业导向，具有精英主义模式的特点；社会互惠模式强调生活导向，具有大众化、平民化、世俗化、平权主义的特点。但在社会工作实践中，这三种模式界限模糊，不容易区分，助人和自助的界限和适合度难以把握。

（一）社会目标整合模式

在本案例中，社会目标模式是社会保障系统下的社会救助政策系统。通过机制化模式引入专业社会组织和专业社工，为贫困群体提供"增权""赋能"服务，这个运作机制体现了政策性、专业性和社会性，是基层社会治理团队的一个有机命运共同体。同时这个模式是一个既开放又封闭的周期性系统。开放性在于专业社工组织在合法合规的前提下，运用各种开放的社会资源设计具体的专业干预方案从而为案主服务；而封闭性在于这个模式的固定性、稳定性，区级层面民政局总负责、街道层面社工组织和社区居委会负责具体项目实施，培训督导组织负责为项目承接组织提供培训、督导、评估服务。社会保障政策系统包括社会保险、社会福利和社会救助三大组成部分。本案例的社会救助政策体系从属于社会保障体系，具体的救助政策又包括贫困群体的医疗救助，生活困难救助，低保、低收入、边缘群体的救助和特困补贴救助。而这些政策的落实需要各基层街道救济所、社区居委会和专业社工组织的共同推进。

（二）治疗模式

将团队看作是治疗的环境和工具，强调通过团队经验治疗个人心理、社会和文化的适应问题。通过团队经验预防某些个人问题的发生。在实务工作中，选择有影响力的成员，并鼓励成员参与、互动，以促进成员的行为改变，该模式注重发展团队凝聚力、一致性和互动性。社工的任务是运用专业知识技巧，诊断个人需要、安排治疗计划，控制团队发展进程，引导协助团队成员发生改变。

在本案例中，承接项目运作的社区社工组织通过自身的社区资源、社会资源组建跨学科、跨行业的两个服务团队，分别负责预估诊断、方案制订实施、自我成效评估。为本社区贫困群体提供心理咨询、知识培训、能力训练，从而提高自信心，增强家庭融入、社区融入和社会融入的能力。

第二节　精准发现、避免幸存者偏差

背景

　　幸存者偏差："二战"期间，为了加强对战机的防护，英美军方调查了作战后幸存飞机上弹痕的分布，决定哪里弹痕多就加强哪里。然而统计学家沃德力排众议，指出更应该注意弹痕少的部位，因为这些部位受到重创的战机，很难有机会返航，而这部分数据被忽略了。事实证明，沃德是正确的。这就是我们熟知的"幸存者偏差"。幸存者偏差指的是：只能看到经过某种筛选而产生的结果，而没有意识到筛选的过程，因此忽略了被筛选掉的关键信息。在"沉默的数据""死人不会说话"等日常表达中，涉及幸存者偏差。幸存者偏差最常见的谬误就是读书无用论。我们最常听到的一句话就是："某某没怎么读过书，现在也月入过万。"没错，确实有低学历、不读书的人能赚到大钱，而高学历、读了很多书的人混得不好。但这些只是个例。对于高学历者，普通人既会关注成功的人，也会关注那些没成功的人，并且高学历却落魄的人尤其受关注，容易被当作新闻报道；而对于低学历者，普通人往往只关注成功者，忽视了广大学历低又没成功的人。正是因为忽视了这些"沉默的数据"，才产生了"读书无用"这种错误的结论。

　　其实，对于大多数低学历的人，日子过得并不会太轻松，更加不会站出来反驳对方的观点，他们要么是觉得无力反驳，要么是心中愧疚。与其说是逻辑上的谬误，不如说是人性的弱点。一般来说，我们只会关注到结果本身，但对于结果产生的过程很少注意到。在这个过程中，我们分析问题所依赖的信息全部或者大部分来自"显著信息"，较少考虑"不显著信息"，甚至是忽略"沉默的信息"。而被筛选掉的信息，要么是我们不会关注的，要么就是没法说话的。由此，根据有问题的信息，我们就得出有问题的结论，最终会导致幸存者偏差。幸存者偏差常会产生一些震撼的噱头，产生说服力惊人的效果。也就是说，幸存者偏差是忽悠人的神器。对于大家普遍关注的问题，挑选出一两个特殊案例，然后渲染案例中的行为特殊性。由此得出，行为的普遍意义，最终说服大家认同并执行。有人说买 xx 股票肯定大涨。身为贫民窟人士，为了赚钱往往什么都会尝试。这时候有人告诉他某某买了这只股票后，股价翻倍，赚得盆满钵满，从此走上人生巅峰，所以买这只股可以赚钱。但事实上，把家产赔光了的人，也买了这只股票，只是他们没提这件事。不过，做到下面两点，就很大程度上可以规避幸存者偏差。第一，不要盲从权威。权威的话，仅仅只能作为参考，而不能作为我们决策的依据。第二，多和失败者沟通。从本质上讲，成功是偶然的，失败则是必然和普遍的。我们应该多向失败者取经，防止再次发生同样的错误。如果一件事情中你找不到任何失败者，那就非常可疑。每个成功者都是存在偏差的幸存者，他们的事例只能做参考，但不能成为我们完全参照的对象。总之，遇到一些明显有悖于常理或者看起来很激动人心的结论，不要急于接受，而是要多问问那些不说话的人，他们是怎样的。

一、需求评估

社工需要发现、理解、解读和运用实施社会救助政策，在发现阶段，如果社会调查方法不科学、不恰当，有可能看似越精准的社会调查方法导致的结果偏差就越大，可能会以科学的调查方法导致不科学的结果，形成结构性政策救助错误。社工调查的具体目的不能仅发现一些容易发现的贫困群体的幸存者，更需要发现不容易发现而被忽视的最不幸的群体家庭。社会救助政策的社会目标不是锦上添花，而是雪中送炭，把最好的政策用到最需要帮助的群体家庭，用最科学的方法发现最需要帮助的典型家庭。避免好心办坏事、好政策办坏事。要在雪中送炭和锦上添花之间找到一个合适的政策救助、心理辅导、就业支持的平衡临界点。为避免幸存者偏差，社工通过专业治疗团队制定了三阶段的需求发现方案：全面排查摸底、重点对象筛选和跨专业学科预估法。

全面排查阶段：社工和社会救济所干部、居委会志愿者一起，根据社会救助政策的准入标准，对社区内所有自行申报和未申报的贫困家庭进行地摊式摸底，分辨出哪些是符合社会救助政策的贫困家庭，哪些是不符合社会救助政策的贫困家庭。从近千户低保、低收入、边缘贫困家庭中筛选出 200 户结构性贫困家庭。

重点筛选阶段：通过个案访谈、问卷调查、小组座谈法从 200 户贫困家庭中发现最困难的 50 个结构性贫困家庭。

跨专业预估阶段：组建专业诊断团队，设计心理需求、家庭矛盾调节、社区融合、社会就业技能需求、知识技能培训、就业机会推荐等问题设计问卷，对 50 户家庭进行上门调查，再回收问卷，由社工进行问卷分析，撰写需求分析报告，由专业团队和社工对调查分析报告分别诊断、制定专业干预个案。

陈先生家属于 50 户中的重点干预个案，和其他家庭相比，更具代表性、典型性：

第一，家庭成员失业且长时间失业，夫妻两个都已经失业十多年。

第二，家庭成员多病，且体现出复杂性、多重性，夫妻两个都患有慢性病，且妻子弟弟脑瘫，娘家也是困难残疾家庭，基本身体都不太好，不适应重体力劳动工作。

第三，心理自卑，自我认知度低、社区认同感和社会责任感差。

社工接案后上门恰逢陈先生在家中办丧礼，正在祭拜，陈先生悲伤地诉说母亲的突然离世令他一时接受不了，今后遇到困难该怎么办，妻子也坦言两人经常要去医院看病，经济状况堪忧。曾经家中由母亲主持大局，现在夫妻两人没有了主心骨，显得更加不知所措。

二、小组诊断

初次家访后，经多方协调，召开了一次由心理咨询老师、居委会志愿者、社工组成的家庭干预小组。大家畅所欲言，观点各异。

社会学专业督导认为这一家是最符合社会救济政策的典型家庭之一。一家夫妻两人都患有慢性病，妻子的娘家人也大多体弱多病，尤其是妻弟脑瘫。一个不幸的小家庭加上两个不幸的大家庭更是不幸中的不幸，在这个街道甚至这个区恐怕都找不到第二家这样的不幸家庭。

社工认为夫妻两个都属于长不大的"巨婴"，一个是"妈宝男"，一个是"妈宝女"，一旦老人去世就手无足措。这与父母过去的宠爱娇惯有很大关系。心理学老师认为，长期的贫困生活环境，加上两人都有慢性病导致自我认同感差、自尊心弱、社区归属感和社会责任感差。

经济学老师认为陈先生原来在照相机厂工作有一定的技术能力，只是目前结构性失业导致就业市场存在一些高新技术企业有活没人干、失业者有人没活干的现象。这是结构性就业和失业并存的不对称社会现象，如果能对夫妻两个加以知识培训、技能训练，解决就业不成问题。

督导认为陈先生的家庭是个悲剧，之所以是悲剧，是因为陈先生是个永远都长不大的孩子，谁之过？子不教，父之过。在陈先生成长的过程中，父亲缺位、母亲越位、儿子错位。当然按中国人的传统，人死为大，不能苛求去世的母亲，但"母亲去世"还唤不醒沉睡的巨婴才是更大的悲剧，这是不幸中的不幸。如果能以此为契机，引导案主自立自强，还是能做到亡羊补牢的。

居委会和心理咨询师的焦点是如何让陈先生振作起来成为家庭的支柱，一线社工认为应以陈先生为重点。

最终大家经过讨论达成一个共同目标——结构性失业贫困群体的社会融入目标，这是一个挖掘案主潜能服务的目标，这个目标又被分解为三个子目标：短期目标是激发陈先生的自信心和增强其家庭责任感（融入家庭）；中期目标是培训就业知识和技能（融合社区）；长期目标是推荐就业机会（融入社会）。

感悟：有效的团队需要共同的目标、共同的专业社工伦理、共同的兴趣爱好。在本项目中，项目主管组成了一个稳定的各司其职的诊断团队和一个小型的专业命运共同体。各专业特长在社工的协调下才能做出精准的诊断。

最后小组经过讨论达成共识，制定出一个综合性的干预方案：由心理咨询师和社工每周上门进行心理抚慰咨询，打开心理枷锁；后期再动员鼓励陈先生夫妻参加培训就业技能，提高就业竞争力。第一步由社工上门以朋友的角色介入，倾听两人的心声和诉求，心理咨询师每周为陈先生提供心理辅导，必要时寻求外部居委会干部来帮助，增强陈先生的自信心，激发家庭责任感；第二步组建就业辅导团队，由社救所领导介绍陈先生夫妻参加街道的"中山女匠"就业培训训练活动。

第三节　好心不能办坏事

在社工上门时，只有陈先生的妻子在家，看上去精神不佳。一进陈家，只有一个灯泡是亮的，四周昏暗，空气中弥漫着一股异味，环境脏乱差。这和陈母在世时形成强烈的反差，而且房间内到处都是垃圾，简直没地方下脚。社工询问陈妻张女士的身体情况如何，她说今天身体不适，有点有气无力，丈夫出门买菜去了，要祭拜去世不久的婆婆。陈先生曾经一直断断续续地打着零工，最近几年因照顾母亲就辞职在家，身边也没什么存款，因为没有经济能力现在还未能给去世的母亲买墓地。一会儿，陈先生买菜回来，他看到社工很热情，社工邀请两人参加"中山女匠"活动，希望他们能走出家门，与更多的人进行交流。妻子积极回应愿意参加，但陈先生则是犹豫不决，觉得自己不行。社工劝他陪妻子一起去，第一次参加可以先旁观，这才让陈先生不再犹豫。第一次去就业辅导小组，陈先生十二分的不情愿，在培训教师的指导下，勉强做了一件手工艺品。

"中山女匠"项目团队由社救所、社区事务受理中心和中山社工组织共同组建的融就业辅导、培训和社会服务为一体的一个项目。培训内容为柳藤手工艺编制技能。短期目标是培训技能；长期目标是建立"微商"平台，销售柳藤工艺品。"中山女匠"团队成员以失业女性为主、男性为辅。

一、做"好事"要有度

走访后，社工发现陈家环境卫生糟糕，是因为房间里堆满了捡来的废品、纸盒和塑料制品，致使家中气味难闻、蚊虫剧增。为改善房间卫生，一周后，社工请家政阿姨上门打扫卫生，家政阿姨先整理了废品等杂乱无章的物品，并且教陈先生如何整理、归置，陈先生边听边学。在清洁和整理后，整个家里的环境变得非常舒适。陈先生很感激社工和家政阿姨，紧紧握着阿姨的手说了很多感激的话，陈先生感觉心情舒畅了很多。

当社工回来向督导汇报、交流帮助陈先生一家清理房间卫生时，社工觉得做得挺好的，但督导认为这种做法违背社工助人自助的理念，更违背传统的文化伦理。中国的传统文化提倡"修身、齐家、治国、平天下"，这是做人的基本伦理要求：一个成年失业男人连家里的卫生都做不好是很不应该的，这是他们家多年习惯的结果，是父母教育失败的结果。以后可以再帮一次但需要和其约定是最后一次。事不过三，自己家的卫生以后需要自己做。

督导认为"妈宝男"一直没有断奶，一直没有成长，这是母亲娇惯的结果，更可叹的是，陈母去世后陈先生依旧没有"断奶"。亲子之爱如果没有适度就是伤害，亲子之间如此，夫妻之间、兄弟之间、朋友之间也都如此，都需要一定的界限，正如某哲人所说："人和人相爱就如冬天里的刺猬，距离太远，就感到寒冷，距离太近就会相互扎伤。"爱如果没有界限就是娇惯，就是伤害。

但居委会干部认为这些问题需要讨论，社会救助政策没有明确规定帮助的界限，但在本项目中，有两条救助线，一条线是资金帮扶，将社会救助资金发放到贫困家庭的银行卡账户；另一条线是社工介入的项目，没有明确规定帮扶的界限，也可以帮助清理家庭卫生，也可以不帮忙，要具体情况具体分析。

最后大家达成共识，需要用同情心、同理心和同辈辅导的策略帮扶这家人。

同情心在本案例中的运用策略是寻找一个有生活工作经验和丰富阅历的居委会干部，这个干部必须和陈先生年龄相当、性别一致，经历过失业的类似困境。这样容易形成心理上、情感上的共鸣。虽然两人经历不同、职业不同，但性别相同，而且从事的职业都是传统意义上的女性职业，这样容易产生同理心，形成心理认同效应。同辈辅导是指地域上社区语言相通、生活习惯相似、年龄经历相同。这样不存在代沟，年轻社工和陈先生之间可能会有年龄心理代沟、地域认同代沟、文化生活代沟。

二、方案调整

经过大家的讨论，决定微微调整策略，由居委会干部负责寻找一个符合上述条件的居委会干部，调整短期目标。通过和案主一起打扫房间，改善环境，激发案主的家庭责任感，纠正案主心中"大男子主义"的错误观。

一周后，居委会干部找到邻近的一位从事居委会工作的赵书记兼职居委会主任来完成任务。于是，社工、心理咨询师和赵主任再次登门。

第四节　身教胜过言传，语言的魅力也重要

一、榜样的力量

第二次社工、心理咨询师和赵主任一起登门发现陈家依然凌乱。陈家似乎还在等待社工帮忙打扫房间，社工还没表态，赵主任搭腔了，"小区环境靠大家，今天就把家庭当成小区自己的家好了，我们都是松江人，今天一起打扫卫生吧。"榜样的力量是无穷的，在赵主任的感召下，陈家夫妻和社工、心理咨询师一齐上阵，不到一个小时，房间就变得干净了，亮堂了，大家心情也舒畅了。

二、好好说话

陈家夫妻依旧端茶倒水，赵主任开始讲述自己的经历，20年前赵主任也失业在家，后来时间一长，有点颓废，刚好居委会在招兵买马，需要社区工作者。赵主任妻子劝他去试一试，当时心里也是有一道过不去的坎，一般居委会工作都是阿姨做，自己一个大男人总觉得没面子，但迫于生计压力，赵主任只好硬着头皮去了，结果一试便成功了，后来越干越有劲，由于工作出色，还获得了好多荣誉和奖状。后来还因为工作出色、领导认可、居民欢迎，被选为居委会主任，且该居委会年年被评为明星居委会。陈先生慢慢地表示了认可。但还是觉得大男人从事女人做的事情很没面子。心理咨询师则在旁边鼓励陈先生，"你以前也很优秀啊，在照相机厂工作，那是多少人梦寐以求的好工作啊。"说到照相机厂，陈先生打开了话匣子，立马信心大增，当年做技术员，还为厂里解决了不少的技术难题呢。但谈到现实，陈先生立马又像泄了气的皮球，打不起精神。社工则说："好汉不提当年勇。"大家你一言，我一语。最后赵主任说："大丈夫理应'修身、齐家、治国、平天下'，但一个男人如果连房间都扫不干净，一屋不扫，何以平天下。以后自己要打扫屋里的卫生了，如果不能，我下次还来帮忙。"陈家夫妻表示以后绝不这样了。而且打扫房间也是件快乐的事情。说到就业辅导，参加"中山女匠"项目团队的事情暂时缓一缓。

感悟：语言富有魅力，有人说良言一句三冬暖，恶语一句六月寒，但生活中的良言和恶语的界限很难把握。无底线的赞扬会变成相互吹捧，使得语言交流的功能退化，而善意的批评也会被误认为恶意指责。有时候，语言的表达无论是赞赏还是批评都是苍白无力的，身教胜于言传，赵主任再次用人格魅力诠释了行动的力量、榜样的力量。

第五节 女子的工作男子也能胜任

一、放下面子

社工经过深思熟虑后，决定邀请"中山女匠"项目的培训教师——柳编手工艺的传承人李老师上门，特意带上了陈先生第一次做的手工，一个受大家好评的柳藤花盘。李老师特意表扬了陈先生的编制工艺，认为其潜力很大。陈先生没想到自己的作品还能得到老师的认可，于是在社工的开导下，逐渐放下心理包袱，放下了那个害人的"面子"。之后的活动中，陈先生每次都是第一个到达活动现场的，主动表现，和老师互动聊天也很开心，他在活动中慢慢地和组员有了交流。虽然他不是学员中制作柳编工艺品最优秀的，但他的努力大家有目共睹。渐渐地陈先生露出了久违的笑容，陈妻也表示丈夫的表现邻里街坊都看到了，还夸奖他们编得好、作品漂亮，陈先生高兴极了。夫妻两人十分感谢这个团队，让他们感受到了不一样的体验。

二、找回尊严

几个月后社工再次上门发现陈先生的家中不再凌乱，原来他们自己也可以把家整理好，母亲离世虽是件悲伤的事情，但生者好好生活才是对死者最大的告慰。陈先生虽然还有那么一点懦弱但已经开始自信了。随后几天，社工来到了"中山女匠"手工制作现场，发现作为"中山女匠"骨干人物的陈先生不但能制作漂亮的花篮、花盘，而且已成了小组骨干。据负责培训的李老师介绍，编制小组共15位学员，其中有

4 位技艺精湛，陈先生表现最好。

项目主管介绍，陈先生刚来时，总觉得一个大男人参与女性项目没有尊严，但当看到项目团队中也有男同志，且大家同病相怜时，才逐渐稳定下来。等到自己做的手工又快又好时，陈先生自己也没发现原来他还有这方面的天分。考虑到陈先生过去在照相机厂做技术员的职业经历，项目主管有意安排陈先生负责协助线上平台的运营和销售工作，这对主管和陈先生来说都是一个新的挑战。但主管表示无论是对陈先生还是对团队，更大的挑战还在后面。

中国男人普遍的心态是死要面子活受罪，尤其是贫困家庭更为突出，但榜样的力量是无穷的，同辈群体赵主任的参与激发了陈先生的自信心、积极性、家庭责任感，加上陈妻的鼓励，打消了陈先生的顾虑。而就业辅导团队成员大多由贫困、慢性病失业家庭组成，同病相怜更容易形成团体认同感。

第六节　专业评估：成效和短板

为了检验、审视社工介入社会救助个案的成效，评估督导团队通过政府公开招标的方式获得评估督导资格，对项目承接组织和社工介入的社会救助项目进行全方位督导和评估，进行事前督导评估服务、过程跟踪和末期结果评估。督导评估团队事前需要根据社会救助法规和政策，实施制定督导评估指标体系和督导评估流程，督导评估团队自行在规定政策框架中组建跨学科评估小组，选择多元、多维度评估工具和方法，因为任何单一的评估方法都会有局限性，所以综合运用多种方法有利于避免单一方法的局限性。

一、评估方法

（一）档案资料和文献查阅

根据项目实施组织提供的相关材料，对社会救助项目的实施内容、实施频率，项目团队的组织结构、人员配置、社工方案制定和具体运行、个案管理资料，财务合规性、效益性、效率性，被服务对象的满意度调查及最关键的成效进行全面而独立的第三方评估。这种成效评估既有政策的规定性，又具有评估团队的独立性。从被重点服务的50户对象中挑选出最具代表性、典型性的结构性困难家庭，进行重点回访和满意度问卷调查。其中本案例属于重点中的重点、典型中的典型。

（二）个案家访的问卷调查法

为避免档案资料的干扰性、局限性和片面性，督导评估团队对被服务对象进行独立问卷调查，问卷内容包括家庭关系改善、个体心理抗压能力、夫妻关系改善度、社区融入能力度、就业培训和就业推荐等满意度进行满意度问卷测评。

（三）小组座谈

为保证评估项目的科学性，还需要对共同参与社会救助项目的结构性贫困家庭代表进行座谈，因为单独走访时很多受访对象碍于面子不一定说实话，小组座谈，更有利于同病相怜者畅所欲言。

（四）电话访谈

为避免重点家庭成员在现场调查时紧张、遗漏或不好意思当面说的种种问题，电话访谈是不可或缺的重要一环，可以就满意度问卷进行第二次回访。

通过以上标准的、程序化的、流程化的评估方法对案例进行阶段性、动态性、独立性的调查访谈，得出一个更接近真相的成效结果。

二、中短期成效

陈先生一家在社工的帮助下摆脱了心理抑郁、平衡了家庭关系，初步具备了社区融入能力、社会融合能力。从短期成效看陈先生一家已经走出了母亲去世后的悲伤、孤独和无助，也开始参与"中山女匠"项目的运作，勇敢迈出融入社会的第一步。

陈家夫妻共同参加了"中山女匠"就业辅导和就业推荐项目，并且已成为团队项目的骨干成员，从融入社会的长远目标看，可谓迈出了万里长征的第一步，我们将之看作是中期成效。因为从长远来看，陈先生未来面对销售压力、团队合作的能力还有待进一步观察。

三、"中山女匠"团队能够走多远？

假如"中山女匠"项目遇到销售瓶颈和团队矛盾，陈家夫妻是否能够理性面对这些困难和挫折，是否能够依靠自己的信心、知识和能力克服困难，走得更远，我们不得而知。这是需要街道社会救助干部、居委会、社工和陈先生共同努力面对的问题，也需要陈家夫妻的共同努力，更需要作为丈夫和男人的陈先生肩负起更大的家庭责任和社会责任。

同时，"中山女匠"项目能否走向市场化、产业化、规模化还具有很多挑战。目前家庭作坊式的编制团队，是否需要引入现代扶贫发展新思路，是否需要引入金融社工，是否需要引入穷人银行，这些都是不确定的。作为团队成员的陈家夫妻是否具备迎接挑战的知识、能力和抗挫折能力还有待观察。

2020 年"中山女匠"项目为了消除部分男性失业求职者的误解和歧视性标签，特改名为"中山匠心"项目，由此吸纳了更多男性的加入。

四、反思：把握政策界限，避免好心办坏事

初步的成效还需要后续的社工跟进，这是一个长期工程，不能一蹴而就，需要持续的协调努力，社工跟进过程还需要处理好以下关系和界限：

一是社工介入要把握救助理念的界限，助人不是包办一切，而是挖掘被助人的潜力和潜能，增强"案主"的自我竞争能力。

二是政策救助需要把握政策、市场和社会界限；如果超越了这些界限就容易造成好心办坏事、好政策办坏事、好心被当作驴肝肺的社会现象。政策的功能不是大包大揽，时机成熟时要及时退出救助机制，救助的效率在于好钢用到刀刃上，把救助资金用到最需要的贫困家庭，既要顾及公平，又要提高效率。

三是"中山匠心"项目要把握好政府和市场的边界，尽可能实现项目的市场化、商业化和可持续发展，如成功则可以帮更多贫困家庭圆梦。那句广告词"一人好不算好，大家好才是真的好"至今仍然具有时代意义。

第十章 "代际性贫困"家庭的社工介入

　　社工介入贫困家庭运用经典的三大社区组织方法，创造性地把基础理论"诊断"和社区实务模式"预估"相结合，把个案方法和社区方法相结合，把本土化社区创新模式、行为改变模式、过程取向模式和社会救助政策相结合，是本项目的特色。项目组以家庭关系能力建设为目标，以"儿童为重、家庭为本、社区为基、预防为先"为原则，把专业社工理念、价值目标、干预策略通过社会救助政策增强贫困家庭的社区融入和社会融合能力。本章以社区工作方法介入为例，通过个案诊断、分析这类"代际贫困家庭"致贫的内部因素（夫妻关系紧张、儿童心理自卑、亲子关系不和谐）、外部因素、社区排斥和社会排斥因素，预估这类家庭的多方面需求，运用专家团队综合诊断，制定社区干预计划，选择夫妻关系改善策略、亲子关系改善策略、儿童公益活动策略，实施干预活动等流程，呈现出如何创造性地运用社区工作方法干预贫困家庭的全过程，并综合运用督导评估法评估项目成效、反思问题和短板及制定下一步干预策略。需要说明的是本案例中的"代际贫困"是指可能发生的贫困代际传递，社工介入是为了预防代际贫困现象的产生。

第一节　风暴中的孤独儿童

一、家庭背景

小小，12岁，五年级，学习成绩一般，但因家庭困难比较自卑、不爱说话，有轻度心理自闭倾向。

父亲老黄，无房，无业，患糖尿病，母亲李阿姨是安徽外来媳妇，一家三口租住在老式"自建廉租房"，老黄夫妻关系不好，分房居住，李阿姨和儿子小小住一间房。20年前李阿姨从安徽老家来到上海打工，在松江工业区一家生产家具的公司做车间女工，那时李阿姨还是青春少女，老黄刚好也在公司打工。当时老黄刚刚离婚，李阿姨是外地打工妹，举目无亲。两人偶遇，老黄性格老实，本分，对李阿姨经常关心备至，日久生情，两个人就走到了一起。不久两人牵手进入婚姻殿堂，婚后小两口甜甜蜜蜜，你侬我侬。爱情的结晶也在孕育中。和别的小夫妻一样，甜蜜期过后就是风暴期，爱情的甜言蜜语被生活的柴米油盐所替代，浪漫的情侣生活被日常的锅碗瓢勺所取代，一切归于平静、归于平淡。尽管有人说婚前眼睛要睁得大大的，婚后眼睛要睁一只闭一只。但热恋中的男女有几个愿意盯着对方的缺点。婚后又有几人能睁一只眼闭一只眼。

争吵、冷暴力让李阿姨身心俱疲，年轻气盛的她怀着身孕便回到了娘家并在娘家生下了儿子。后经双方家人调解，再次回到上海后，家里依然矛盾重重，小吵变大吵，原来三天一小吵变成了两天一大吵。李阿姨和丈夫关系不好，只好把更多精力放在孩子身上，老黄则因为在家里得不到理解，下班后经常和朋友借酒浇愁。李阿姨认为丈夫逃避做父亲的义务和责任，老黄则认为妻子从"小绵羊"变成了"河东狮吼"，两人都感到家中没有了温暖。后来上海产业结构调整，产业升级加速，部分企业转型升级，部分企业外迁，部分企业倒闭，员工被遣散。李阿姨和老黄双双失业在家，靠社会救助政策的"低保救济"过日子。老黄有时候在外打个零工补贴家用，工作也不稳定；李阿姨则在家照顾孩子，接送孩子上学、放学。夫妻双双失业在家，旧仇未解又添新恨，家庭争吵成常态，且次数越来越频繁、力度越来越大，语言暴力逐渐升级。这个小家庭像一艘漂流在海中的小木筏，随时都可能被风浪打翻。更令李阿姨揪心的是家庭矛盾已经对儿子造成了很大的影响，孩子越来越沉默寡言，心理也有向自闭症发展的趋势。李阿姨担心再这样下去，孩子的学习会成问题，如果学习不好将来考不上大学，孩子会不会和他们一样失业，找不到工作。李阿姨找到居委会，又辗转找到社工希望寻求帮助。

二、代际贫困

"代际贫困"是指在家庭内部由父母传递给子女，使子女在成年后重复父母的境遇——继承父母的贫困"基因"并将贫困因素传递给后代的这样一种恶性遗传链；也指在一定的社区或阶层范围内，导致贫困结果的相关条件和因素在代与代之间延续，使后代重复前代的贫困境遇。大多数学者认为贫困代际传递并不是由单一因素引起的，而是多种因素互相作用的结果。研究指出，与富裕家庭相比，贫困家庭的后代更缺乏物质资源（食物、住所和药物等）和社交资源（好邻居和充足的公共服务等），父母贫困、家庭结构、邻里劣势、社会孤立和劳动力市场等构成贫困代际传递的关键因素。

第二节　社工试水

2018 年 3 月的一天，社工电话预约了李阿姨，按照预定时间，社工去家中访谈。尽管社工是本地人，但还是费了一番周折，按照居住地址寻找，找了大半天，又问了好几个保安和居民。最后还是热心志愿者把社工带到了小区深处围墙外铁路旁的自建房。这个社区是为数不多的城中村，但布局又非常分散，是典型的城市化乡村。走到最后第二栋老式楼房，大门未关，社工踏进大厅，几辆电瓶车在边上充电，一楼的几间房门都紧锁着，李阿姨从二楼下来迎接，社工跟着进入了一间二楼朝南的房间。在不到 10 平方米的房间里，小小正在里面看书。李阿姨走到小小旁边亲切地说："小小，有客人来啦。"小小转过身，有些胆怯，躲在母亲身边说了声"叔叔好"。李阿姨面色不好，皮肤很差，掉发严重，双手已长出了老茧。当社工询问李阿姨为什么不出去找份工作时，她不太忌讳地诉说了自己的苦衷："我也想找个工作补贴家用，可是我们家没有房子，现在住的是廉租房，一旦我去工作了，低保也没有了，廉租房也没有了，我们一家三口要住哪里去啊！我嫁到上海十几年了，因为没有房子，户口都没地方落。更关键的是我工作后，谁来送孩子上学、下学，谁来为孩子和一家人烧饭做菜，还有洗衣服、打扫卫生。如果我工作还要找一个保姆，我打工挣的钱可能还不够支付保姆的工钱。"李阿姨一肚子苦水，社工和小小做了简单交流，虽然小小不太敢和陌生人说话，但社工看到一个细节：小小在看十万个为什么，孩子基本的好奇心、求知欲还是有的。

一、如何精准发现：选救助对象

为提高社会救助的精准性，承接本项目的社工组织需要选择有经验的本土社工，还需要选择最有救助需要的救助对象。

为保障服务对象的准确性和科学性，提高社会救助的专业性，本街道社工组织接案后计划选派合适的社工介入这个家庭。

社工组织选择救助对象的过程也有一个规范化、程序化的过程，项目主管根据社会救济所提供的 200 名低保、低收入和边缘群体名单，从中筛选出 50 户代表性家庭，再从 50 户家庭中筛选出 10 户重点干预家庭。这个筛选过程充满挑战，社工需要逐家逐户上门调查、挨家挨户摸排，还需要通过邻居和居委会工作人员了解每户的家庭经济条件和家庭成员关系。

二、社区环境

小小家位于城区西部。这个街道常住人口 93330 人，其中户籍人口 3 万多人，是典型的城乡接合部，原来这个地方称作乡，以农村人口为主，上海城市化进程加快后，在 1995 年撤乡建制，改为街道。随着城市化进程的不断推进，大量农村人口转为城市人口，还有大量外来务工人员来到街道打工定居，其中还有部分外来务工人员和当地人结婚生子。这个街道现大致分为东北片区（老城区）、西北片区（新建区）、南片区（南部新城），人员结构相对复杂。现有常住人口 14.3 万人，户籍人口 3.9 万人，其中"低保"228 户（合计 385 人）、"低收入"27 户、残障人士 1815 人、"失独"困难家庭 32 户、支内回沪 318 人。但总体上本街道的贫困人口基本属于城市化进程中的本地农村人口。其中因"征地失业"的贫困人口有 200 多户。这里曾经集中了大量中低端制造工厂，后因产业结构调整升级，部分企业倒闭，部分工人或失业、或再就业。但还有部分贫困群体，由于受教育程度低、学习能力弱，加上长期失业，且患有心理疾病和慢性病。更令人担忧的是这类家庭可能会把贫困传给下一代，陷入代际贫困的陷阱。这些贫困家庭大多具备一些共性特点：一是"父代"失业，长期处于社区边缘状态，对生活自暴自弃，没有再就业能力也没有再就业意愿。二是"母代"失业，长期在家照顾儿童，偶尔打零工兼顾补贴家用，忙于家务和打零工，孩子对妈妈依赖性强，独立性差。三是夫妻关系紧张，儿童在成长的关键阶段得不到父母陪伴，内心孤独自闭，学习成绩一般，在学校不合群。四是社区流动性较强，阶层流动、阶层分化和阶层固化并存。家庭分化，一部分家庭向上流动，另一部分家庭向下流动。五是家庭成员社区认同感较弱。

这些贫困群体虽然占比不高，但本着落实国家相关社会救助政策，在奔小康的路上不能让一家掉队。社工在街道社会救济所和居委会干部的帮助下，对街道200户家庭进行了摸底调查和预估，这类家庭的大多诉求是：个体心理压力大尤其是儿童心理自卑、自尊感不强、自信心不足，需要专业的心理辅导缓解压力；家庭关系紧张需要专业调解；社区融入较难，需要社区帮助消除融合阻力；被社会排斥和排斥社会，社会就业能力不足需要社会支持。

三、选本土化社工

社工组织选派社工有三个考虑点：一是本地社工，地缘优势尤其是语言优势容易被案主及相关接受；二是相对年轻的同辈群体，因为案主是儿童，和儿童交流代际代沟较少，容易沟通；三是具备丰富的阅历和经验，对本土社会救助政策和各专业社工组织比较熟悉，有和街道政府部门、社区居委会打交道的能力。

第三节　制定计划理解代际贫困

一、基础理论模式

代际贫困理论从家庭内部结构和外部环境两个视角分析贫困产生的内外因，从微观家庭的结构变迁分析贫困的家庭因素。而家庭现代化理论则从宏观社会变迁的大环境，从社会流动导致的阶层分化、阶层固化的现代化原始动力视角看问题。这两种理论从不同视角解释了代际贫困的因果关系。贫困代际传递理论是基于发达国家和发展中国家的事实和经验，有三类因素导致代际贫困：第一，家庭内部因素，如家庭结构和贫困之间有一定的相关性；离婚家庭及单亲家庭和贫困率之间呈正相关；家庭暴力及紧张的家庭关系也和代际传递之间有一定的相关性；营养健康和贫困传递也具有相关性；父母的教育水平和贫困之间也有相关性；父母的失业贫困和儿童之间也有传递性。第二，家庭疾病包括源自外部的传染病及其他伤病和贫困之间的相关性。第三，现代福利制度的结构性缺陷导致家庭贫困，所谓结构性缺陷，一方面为贫困群体提供的社会福利不足，导致贫困的治疗不足；另一方面，现代福利制度提供的方法不当导致低水平的社会依赖和低水平贫困的代际传递。

二、实务理论模式及功能

地区发展模式、社区计划模式和社会行动模式是美国学者立足于美国社区自治的文化传统和社会自我演化的发展现实，总结经验得出的应用于社区实践的实务操作理论，是从实践中总结出来的经验性理论。这些实务理论具有美国文化的特殊性，对世界其他国家有一定的可借鉴性，对我国社区救助也可以起到一定的借鉴意义。我国台湾地区的学者在借鉴美国模式的基础上，立足于我国传统文化发展出一些具有中国文化特殊性的社区发展模式，这些模式有创新改革模式、改变习俗模式、行为改变模式和过程取向模式。

上海社会工作者在借鉴三大地区发展实务理论模式、台湾地区学者的四大实务理论模式的基础上，再参照智利"爱心桥计划"模式，探索了上海社会救助的"桥计划模式"。

代际贫困家庭在中国社区社会的贫困治理中具有相当的典型性、普遍性。社工介入代际贫困家庭的社会救助政策是上海社会救助政策探索社工、社区和社会组织治理的具体实践。这一类案例一方面具有阶层固化的特征，同时也有代际流动和传递的特征。社工介入代际贫困家庭既是对个案的帮扶，又是对这一类代际贫困家庭的群体帮扶。

美国等发达国家的社区实务理论立基于欧美社区发展经验的理论总结，立基于发达国家的社区民情、公序良俗的文化土壤。欧美社区组织的特点是民间性、独立性、自治性和互助性，尤其是民间社会力量非常大，具有自下而上和自上而下相结合的特点。从发展逻辑上是先自下而上，再自上而下。而我国社区组织的特点是先自上而下，再自下而上。这是因为我国社工、社工组织和社区发展能力不足、原动力不强，需要政府主导、引导和政策支持。更重要的一点差异是我国"社会人"观念还没有完全确立，目前有学者称我们的社会是单位人社会、伦理本位社会、集体本位社会，而欧美国家是社会人社会和个体本位社会。但不可否认的是社工实务理论目前在我国还处于探索阶段，没有其他可以借鉴的社区发展理论，本着学习、借鉴的态度，边探索、边借鉴、边学边干，取人之长补己之短，他山之石可以攻玉。我国台湾地区的学者正是在借鉴欧美社区实务理论的基础上发展出创新改革模式、行为改变模式和过程取向模式。

社区实务理论模式在我国还面临着专业化和本土化融合的探索过程，如果不考虑我国社会的转型现状和特征，难免会水土不服、南辕北辙。因而社工实务理论具有如下功能：

（一）预估

描述具体的贫困家庭个案需求，这些个案需求不仅是儿童、夫妻、家庭关系的心理需要、社区融入能力需要，还是社会能力不足的需要、描述具体的贫困状态和家庭解决问题的能力需要。

（二）观察和解释

在对贫困状态的描述后需要理论解释，解释贫困现象和贫困因素之间复杂的关系，有些是共变关系，有些是互动关系，有些是因果关系。

（三）预测和预防

根据实务理论和现实经验揭示贫困现象和原因之间的逻辑关系，通过对社区贫困家庭的摸底调查、贫困家庭分类、问题因素归纳对这些特殊贫困家庭的未来发展做对比预测，帮助社会工作者制定方案、实施方案时未雨绸缪，防患于未然，同时也对方案实施过程、后果做出预判。不少实务理论是对前人实际工作的经验总结，其科学性、专业性、合理性、公平性、效果性已经得到无数次验证，提供了解决同类问题的方法、程序及技巧。

在本案例社工介入代际贫困家庭的具体实施中，社工运用了创新改革的社区实务理论。本理论在贫困家庭的成员关系调节方面，取得了一些成效，如上海松江民政的"离婚劝和工作室"在调解家庭矛盾、挽救离婚边缘的家庭方面做出了卓有成效的探索。

过程取向模式则是社区基层政府为解决贫困家庭社会救助科学化、专业化实施的常态化，建立长效的社工介入机制，借鉴同为发展中国家智利的"爱心桥计划"，在上海实施的"桥计划模式"。过程取向模式强调社区干预的长期性、周期性和过程性，把总目标分解为多个阶段性的过程目标。通过持续的、长期的长效机制的建立，避免短期行为和急功近利行为。

三、本土化创新模式

（一）创新改革模式——离婚劝和工作室

创新改革模式是中国台湾地区的学者依据本土文化实践提出的，强调社区变迁必须经历一个时间段完成，起初，社区变迁过程经历一个开始和结束的两个时间段。开始阶段由社会工作者和社区领袖推动，提出一个新理想、新计划给社区居民；结束阶段，这个新理想、新计划被整合到社区居民的文化和行为中。在整个变迁过程中有两股力量相互影响、相互作用；一股是改革推动者的新理想、新计划，另一股是社区居民的新理想、新计划的相应行动。这会导致两种结果，一种是成功，一种是失败。但作为一种探索，必须要面临两种后果或者失败或者成功。

当前本社区的离婚率走高，据不完全统计，2007年到2017年某社区街道离婚家庭从600多对增加到1200多对。其中贫困家庭占有相当大的比例。关于贫困和离婚的因果关系至今仍然存有争议，到底是贫困导致离婚，还是离婚导致贫困？

  针对离婚带来的家庭问题、婚姻质量问题、儿童教育问题，2007年松江民政局和松江心理协会在婚姻管理处设立了离婚劝和工作室。自2007年至2017年，十年间共接待了2610对离婚家庭。其中713对被当场劝和，占接待总量的27.3%。离婚劝和工作室表面上是劝和，正如古人说："宁拆十座庙，不毁一桩亲。"但现实也有争议：有人说痛苦的家庭，长痛不如短痛，尤其是痛苦的家庭会对孩子产生阴影；也有人说，离婚对孩子的阴影伤害更大。针对各种争议，婚姻劝和把婚姻边缘家庭分为两类，一类是理智型的，如果夫妻双方财产、孩子、房子等协议清楚，就不坚持劝和；一类是冲动型的，劝和工作室会给夫妻提些建设性意见，给双方一个缓冲期。目前新颁布的民法典中就增设了离婚冷静期，但仍然有争议。一般的婚姻家庭从恋爱、结婚和生子需要经过三个阶段：爱情的甜蜜期，婚姻的磨合期，有孩子后的风暴期。有种说法是七年之痒，但也有例外，如有人到了60岁也要坚持离婚，双方都忍让了一辈子，但为了孩子，一直等孩子毕业工作后才离婚，甚至还有80岁的爷爷奶奶离婚的也不少见。

  离婚劝和的目的是对非理性的离婚通过心理咨询缓和夫妻紧张关系、制定方案干预，给予双方缓冲期，进而缓解紧张关系。对于理性离婚的夫妻，在经过充分协商、有关家庭共同财产分割、子女抚养等协议达成的情况下谨慎离婚。

  但目前的焦点问题是如何判断理智型和冲动型离婚。理智和冲动的现实界限区分在哪里？期限多长？有没有表面理智实质冲动型，表面冲动实质理智型的？因为好多家庭争吵一辈子也能白头偕老，也有不争吵看似理智却酿成悲剧的。

（二）行为改变模式之亲子关系重构

  该模式认为社区发展的成败可通过社区居民的行为改变判定，作为社区的居民主体，本身行动的改变就是社区发展的目标。该模式不仅局限于物质条件和外在环境的改变，更关注改变居民的价值观念和行为态度动机，因而，社区工作者的主要任务是运用教育计划、社区行动计划逐步影响改变居民的价值观念、态度动机和行为。这类特殊群体既面临和一般普通社区的共同问题又有自己的特殊问题。共同问题是家庭不稳定、离婚率上升，这是整个社会和社区面临的共同问题，尤其是单亲家庭作为儿童教育的主题：父亲缺位、母亲越位、孩子错位。

这些贫困单亲儿童除了面临较大的学习压力，更面临在学校、社区被人忽视甚至遭遇校园欺凌的处境，导致其在从生物人向社会人的社会化过程中，得不到家庭、学校和社区的关爱，心理生理成长不足，自卑、心理脆弱、敏感，日常自我保护知识匮乏、安全教育不到位等综合发展能力不足。父母教育走向两个极端，一端是简单粗暴，另一端是极端溺爱。这两个极端都会对孩子的生活成长产生不利影响。

小伙伴阳关驿站

2012 年到 2018 年，由松江区某街道妇联和上海松江大学城的部分大学生志愿者和上海松江社工组织共同发起了关爱单亲家庭儿童的社区公益项目——小伙伴阳关驿站。项目核心团队由妇联干部、居委会志愿者及社工组织一线社工、大学老师、大学生志愿者共 20 名成员组成。单亲家庭儿童有来自永丰街道的 20 名孩子，也有部分婚姻紧张家庭的孩子参加。活动每周末一次，主要开展丰富多彩的课外拓展课程活动兼课业辅导。

通过社会工作团体方法和社区方法，为孩子们送上更多的精神文化食粮。

每周末开展社区亲子手工课堂，由大学生志愿者和社工、大学老师开放益智类手工绘画、亲子破冰游戏、家庭趣味运动会等。

按照一年四季，分不同季节开展不同的主题活动，如春天有代表性的活动有"播种春天，传递希望"，让孩子们和园艺工人一起在户外鲜花基地，学习播种树苗，花草苗木，将生根发芽后的苗木种子移入盆栽，送给自己的父母或老师；夏天开展"六一环保公益大赛"，利用家中废旧纸箱和可乐瓶制作成手工板凳、笔筒、芭比娃娃等文具用品和儿童玩具。既增强儿童的动手能力，又提高环境保护意识和观念；秋天开展亲子登山活动，通过活动学习传统敬老文化，学习传统文化知识；冬天开展"安全同行"亲子教育项目，以日常交通安全、家庭防火安全、防止人贩子的社会安全等为主题的活动，通过问卷测试、儿童安全剧表演等团体活动，既增强儿童的安全防护知识和防护意识，又增强和陌生小伙伴的交际表达能力。

四、干预计划

社工和督导经过讨论制定一个初步的家庭关系改善计划，这个计划也被纳入了社会工作介入社会救助政策救助贫困家庭项目的桥计划。

（1）目标：长期目标是重塑家庭成员角色，重塑家庭沟通关系沟通模式。短期目标有三：一是把改善夫妻关系作为第一任务，因为夫妻关系的改善有助于儿童心理健康，缓解自卑的心理症状；二是亲子关系改善，通过重建这个家庭中恶化的父子关系，缓解父子矛盾；三是家庭关系整体改善，通过参加共同的社区活动改善整体家庭关系。

（2）策略：离婚劝和工作室调节夫妻矛盾冲突，缓和夫妻关系；组建跨专业团队，支持离婚劝和工作室深度介入，改善夫妻关系；为改善亲子关系，牵线老黄父子参与小伙伴阳关驿站；为改善小黄的交际能力，牵线参加社区环保公益活动；为改善家庭整体关系，参加两人三足趣味运动会。

（3）计划时间：周期一年，频次原则上每周一次活动，节假日除外。

（4）原则：夫妻关系优先原则；儿童为重原则；家庭成员参与原则；循序渐进原则；边做边调整原则。

第四节 "宁拆一座庙不拆一家亲"

一、家家有本难念的经

社工第一次上门后，直觉感到老黄一家的事情没有那么简单，又用了大约一周时间从居委会和邻居那里知道了老黄家更多的信息，又一个不为人知的真相逐渐浮出水面。据邻居说，老黄夫妻的婚姻一直处于解体的边缘，家里三天一小吵，五天一大吵，争吵激烈的时候甚至报过警，警察也来过几次，但大多只是过来调解一下，缓和一下家庭矛盾，最后也不了了之，解决不了根本问题，而且有时候吵得街坊邻居都不得安生。

二、离婚劝和尝试

社工由于自身年龄经历和阅历不足，就找到区离婚劝和工作室的心理老师一起去。赶到老黄家时候，夫妻两个正在吵架，也顾不上开门，还是小小开的门。开门后，两口子碍于情面，没再吵下去，让社工和王老师评一评理。真是公说公有理，婆说婆有理。王老师并没有急于表态评论谁对谁错，而是先听他们诉说"冤屈"。会谈时，老黄一直说妻子不理解自己，总是嫌弃自己不讲卫生，爱喝酒，骂自己是个窝囊废。自己失业后因文化程度不高，一直找不到合适的工作，但作为男人还是要养家糊口，只能帮小店送点货，打个零工，自己又患有慢性糖尿病，干不了重活。妻子则说老黄睡觉打呼噜，影响自己睡眠，且对孩子的事情不闻不问，孩子上下学都是自己一人操劳。老黄在家时家务事从来不做，回到家就像大爷一样；在外面又和狐朋狗友喝酒，打麻将，脾气还暴躁，还对孩子总是恶语相加，时间一长，孩子自然不跟他亲近。他如果再不改改他的坏脾气和臭毛病，就和他离婚。最后经过协商，王老师给出一个建设性方案，双方约法三章：一是再吵架时想想孩子，如果避免不了吵架，但至少要做到不在孩子面前吵架，且吵架再激烈，不准动手，君子动口不动手，不准提离婚二字；二是女方不准再骂老公"窝囊废"，这话最伤自尊；三是每天老黄按时回家吃饭，一家三口一起吃饭。

社会学老师认为，这个家庭最大的问题不仅仅是家庭贫困，而且夫妻关系紧张，且家庭角色颠倒，把亲子关系置于夫妻关系之上。父亲在孩子教育上缺位，夫妻关系越紧张，母子关系越亲密。且夫妻已经分房居住，维持婚姻的只是一张婚姻证，婚姻名存实亡。据研究表明，凡是把亲子关系置于夫妻关系首位的，很少有家庭关系和睦的。如果夫妻关系长期得不到改善，很可能对儿子的成长造成心理阴影，导致人格不健全，妈妈对孩子的溺爱会变成对孩子的伤害。将来有很大概率会造成贫困的代际传递。

督导则认为，表面上小孩子出现自卑、自闭倾向，和母亲关系好，这种家庭模式是病态的，父亲长期缺位，不仅会导致小孩的男性认同不足，还可能会使男孩子越来越女性化，更可能会导致长期依赖妈妈独立性较差。

最后大家讨论之后达成的共识是对这个家庭实施综合治疗方案：第一，夫妻关系改善是第一位，由离婚劝和工作室定期为夫妻两个提供夫妻关系改善技巧，并制定夫妻关系和解方案；第二，父子关系干预方案，由老黄父子两个定期参加小伙伴阳关驿站活动；第三，母子关系改善方案，给小小独立的空间，母子分开居住。

第五节 离婚"劝和"

一个月后，2018 年 4 月的一天，社工邀请老黄夫妻一起到离婚劝和工作室，和心理学王老师进行面对面座谈。

一、劝和还是劝离？

和妻子的对话时李阿姨一直在抱怨，说老黄不顾家，说话难听，脾气暴躁，身上到处是缺点，吵架吵得绝望崩溃。但到绝望崩溃时想想为了儿子，忍一忍就算了，甚至有时候会有极端的想法，但一想到孩子还小，还是算了吧。

王老师问，你们现在还有感情吗，李阿姨说不清楚，要说没感情，也不完全对，毕竟一日夫妻百日恩，但要说有感情，也谈不上，几乎每三天一小吵，五天一大吵，吵得都麻木了。但离婚又离不了，看在孩子还小的份上，凑合着过吧。但有时候也觉得如果让孩子一直生活在这个没有温情的家庭中也没啥希望。王老师最后问，这一个月老黄每天坚持回家吃饭吗？李阿姨答复说老黄坚持了一个星期，后面老毛病又犯了，又开始和狐朋狗友喝酒鬼混了。但现在当孩子面吵架的次数少了，可两个人吵架的频率还是没少，而且她现在对夫妻关系还能走多远没有信心。

和老黄对话时，老黄说在婚前，妻子娘家人就说妻子是"刀子嘴、豆腐心"，而且毕竟老黄比妻子年龄大，要多谦让。但时间久了，没体会到"豆腐心"，反而是"刀子嘴"的杀伤力太大，而且越是谦让，就越换来妻子的得寸进尺，没完没了。尤其令老黄伤心的是儿子小时候还和自己亲，现在越来越和他妈妈亲，自己在家中好像成了多余的人。自己在外打零工起早贪黑，回家后还老是面临着妻子的坏脸色和坏脾气，儿子还总不搭理自己，觉得生活没什么盼头。

社工和心理学王老师经过沟通给老黄一家提出建议，且双方都认可，并选择尝试一下：

关于夫妻关系和解方案，作为丈夫，要有家庭担当，每天要定时回家，每周给李阿姨买鲜花，制造浪漫情调，每周写一封情书，不要老看到妻子的"刀子嘴"，要通过自己的行动激发妻子的"豆腐心"。从内心说男女都喜欢寻求新鲜感，尤其是婚后平淡的日子更需要浪漫。如果避免不了吵架，也不要老把离婚挂在嘴上。离婚这句话对双方都是一种伤害，尤其是对女性，因为男性偏理性，女性偏感性，偏情绪化。控制情绪是一种能力，更是一种艺术；吵架也是一种交流的方式，天下没有不吵架的夫妻。如果哪一天不吵架了，反而说明双方都心死了。作为妻子，要尽可能多地给丈夫安慰和鼓励，不要恶语相加，尽可能控制情绪，多说好听话，李阿姨每周负责买电影票，体会一下恋爱时期的心情，共同回忆一下当年的浪漫时光。坚持一个月，我们再见面观察观察。

关于亲子关系，老黄带儿子参加小伙伴阳关驿站的社区亲子活动，增进父子感情，每周一次，先坚持三个月。每个月全家参加一次小伙伴阳关驿站的家庭能力增强活动——趣味运动会，在社区活动中增强父子关系、夫妻关系和母子关系，同时在团队活动中增强孩子的自信心和团队合作能力。

关于母子关系方案：有督导警示的语气较重，认为目前好多家庭成员关系处理不好的原因是太过亲密无间，而亲密无间导致家庭成员之间的相处没有界限感。生活中很多不好的亲子关系就是太过亲密无间导致的。随着孩子的成长，身体发育快于心理发育，本能的部分也在增强，如果没有外界伦理底线的约束，没有父亲权威的树立，很可能导致"妈宝男"的产生，导致孩子没有担当。

二、参加小伙伴阳光驿站

2018 年 4 月份的一天，社工和老黄父子一起参加了小伙伴阳光驿站的一期活动，这一期小伙伴阳光驿站的主题是播种春天，传递希望。播种希望属于园艺疗法的一个创新活动，可以使单亲家庭的小朋友感受到温暖，播种不仅指播种树苗花卉等自然的活动，而且有播种生命、感知生命希望的寓意。待播种下的种子长成苗后移入盆栽，并让孩子将盆栽送给自己爱的人，通过这种方式引导孩子学会体验、理解、认知大自然的生命之美，感受家庭生活中的天伦之乐及社区中人们的相互关爱之情。

这一期活动由街道妇联和松江大学城的部分高校大学生及老师共同发起。活动人员主要由 20 名单亲家庭儿童和 14 名大学生组成。活动流程共分为三个环节：破冰、播种、野餐。其中破冰阶段共 30 分钟，又分两个阶段，第一个阶段是记名字，因为大家都来自不同学校，多数不认识，试图通过游戏让小朋友们都相互熟悉；第二个阶段是用桶接球。记名字和用桶接球各 15 分钟。

由于大学生和小学生年龄差距小，属于同辈群体，活动一开始就气氛热烈，小黄同学不甘落后，从记名字到接球积极性都很高。

（一）播种

两名志愿者负责带领四个孩子，其中志愿者为一男一女，四个孩子的年龄最好相差大一些。在开始阶段，先由志愿者为大家说明此次活动的目的和意义，再请两位园圃工作人员为大家讲解整个播种的过程。分组开始播种。播种结束后，花大约十分钟时间请孩子和志愿者一起分享整个播种的感想和收获。然后请主持人做一个总结。最后，请苗圃的工作人员为大家讲授一些关于播种方面的常识。

（二）野餐

在空地上铺上餐布，将所带的零食放在餐布上，大家围绕着餐布坐下，主要活动是聊天，从而增进感情。

小小的表现：这一次活动是老黄带儿子第一次参加，全程参与下来，小小很兴奋，尤其是从来没有得过奖励，这次却得了好几个奖品。老黄看在眼里，乐在心里，只是感觉儿子更喜欢和大姐姐、大哥哥在一起，还是不愿意搭理他这个爸爸。

（三）儿童节的特殊礼物

环保公益活动是社区小伙伴阳光驿站项目的一个重要组成部分，其目的是增强儿童的自信心，通过同辈群体的集体活动增强儿童的交往能力。同时部分家长参与其中，通过集体活动改善亲子关系。大多数处于青春叛逆期的儿童和父代或母代关系都比较紧张，尤其是父子关系和母女关系，但也有例外。最重要的一点是环保公益理念从儿童抓起，通过这类趣味大赛，增加儿童的环保公益意识和理念。2018 年的六一儿童节，为了给单亲家庭儿童过一个别样的六一，活动共邀请了 14 名单亲家庭儿童与 8 名来自上海松江大学城的大学生志愿者，社工还特别邀请了老黄父子参加。

早上 8 点，小伙伴们乘坐大巴车出发，虽然已入夏，但很凉爽，是个很不错的外出活动的天气。首先参观了上海市五库农业休闲观光园，在讲解员的带领下，志愿者和孩子们一起了解了松江的整个发展历程以及松江特色动植物的培育生长过程，让大家受益匪浅。走出博物馆，小伙伴一群人来到了一个风景优美的湖心岛上，进行环保旧物改造活动。

1. 比赛

两名志愿者负责带领四个孩子，其中志愿者为一男一女，四个孩子的年龄最好相差大一些。在开始阶段，先由志愿者为大家说明此次活动的目的和意义，再请两位工作人员为大家讲解旧纸板制作小板凳的过程。分组开始比赛。比赛结束后，用大约十分钟的时间请孩子和志愿者一起分享比赛的感想和收获，然后请主持人做一个总结。这次的主题是旧纸板创意板凳改造，每个小组的成员团结合作，充分发挥自己的想象力，用废旧的纸板改造出各式各样漂亮的小凳子，并在自己的小凳子上画上美丽的图案，在这个美好的日子里，孩子们用自己的智慧和热情，描绘出属于他们的蓝天。为了奖励大家的出色表现，每个小朋友都获得了一个精美的小奖品。

2. 小小的表现

小小参加了全过程的活动，老黄则一直在旁边为儿子加油。尤其是在破冰过程中的记名字环节，小小所在的小组表现优秀，小小把组员的名字全部记住，但在下面的用桶接球环节，因配合不好，老是接不到，排名靠后，小小一直对此耿耿于怀。在环保比赛中，小小用旧纸板制作了一个小板凳，虽然不怎么美观，但毕竟是自己的作品，还比较满意。

第六节 两人三足比赛：全家总动员

一个月后，社工了解了心理咨询师劝和方案的执行力效果，最终以老黄夫妻的半途而废告终：对于老黄要每周写情书，妻子每周负责买电影票，共同看电影，老黄夫妻均表示，坚持了两个星期，后来就没继续坚持。两人都一致认为老夫老妻了，没那个激情了。

关于家庭关系改善方案，社工在征得老黄一家三口的同意后，邀请他们参加了社区的趣味运动会，其中一项是两人三足。这项游戏的目的是让家庭成员共同参与，既能调动每一位成员的积极性、主动性，发挥个人能力，同时更能调动成员的团队合作精神和合作技巧，有助于缓和家庭成员之间的矛盾。

2018 年 7 月周末的一天，来自街道的 20 多户贫困家庭一起参与了二人三足比赛。活动地点就在社区旁边的一所学校里。

社区两人三足游戏活动的目的在于通过游戏让大家体会到集体团结的力量，享受家庭和睦的幸福。

一、比赛不仅仅看重成绩，更看重亲情

本次活动分为两个小组进行比赛：家长组和儿童组，老黄夫妻报名参加了家长组，儿子小小经自由选择参加儿童组。两个人站成一线，分别将两人的一条腿绑在一起，一起朝前走，比赛谁先到终点。这个游戏需要两个人配合默契。

（一）游戏前的准备工作

自由组对：练习这个游戏首先就是要两两组对，一般的情况下协调者都是让身高差不多的两个成员组对练习。但在实际中发现，这个游戏的组对还是成员自由组对更合理有效。自由组对都是找自己要好的或谈得来的成员，这样组对的好处就是：两两配合默契，能相互帮助提高。即使两人身高相距较大，两人配合起来照样是同步默契。

绕紧绑踝：在这个问题上，很多教师都忽视了。所以，在比赛中就经常可以看到绳子松绑的情况，破坏了比赛的节奏，影响了最后的成绩。在准备时，把绳子紧紧绕住两人并拢的踝关节处。紧紧绕住可以减少两脚间的摩擦，还可以把两个人的脚固定在一起。这样做不仅可以减少成员的受伤概率，也降低了在练习比赛中两脚相互配合不协调的情况。

搭肩靠拢：在练习比赛前，组对的成员一定要紧紧靠拢，最好是肩并肩，手臂相互搭在对方肩膀上。在练习中，经常可以看到有些组合，虽然两个脚绑在一起，但身体相互拉得很大，跑起来很不协调。身体并拢、搭肩靠拢可以把学员的身体"合二为一"，增加彼此之间的默契程度，也能使比赛中的组合看上去更像是"阳光伙伴"。

（二）游戏规则

每队选取 10 名队员，两个人一组，两人的其中一只脚绊绑在一起；参赛两人相邻腿上的绑绳位置不能高于膝盖部分，当然也不能低于脚踝；在游戏过程中若绳子脱落，哪里脱落就在哪里绑好再出发。

比赛从起点处出发，至对面标志处折回，再返回至起点处，然后将绳子解开后，交给下一组队员继续赛跑。最后以完成时间长短进行排名。

二、老黄一家的表现

比赛从上午 9 点开始，其中 9—10 点，老黄夫妻自由组对练习，小小自由组织团队伙伴并练习。10—10 点半，比赛正式开始。老黄夫妻拼尽全力，最终没有进入决赛，小小经过激烈角逐，但由于配合不够默契，又有点抱怨，最终仅获得了鼓励奖。

小小有点失落。但一家人总体上感到很开心，希望以后能多参加这类家庭趣味运动会比赛。他们在这次活动中体会颇深：通过考验成员的配合与协调能力的游戏，他们懂得了一加一大于二的道理，懂得配合的关键不是你如何将就我，而是我如何协助你。懂得在艰难中寻找机遇，懂得在险境中借他人之力。理解一个人可以走好、一群人可以走远的深刻道理。打造积极主动、高度责任感、高执行力、高凝聚力的家庭团队。严格的执行力训练、责任心与团队精神可以取得更好成绩。

尤其是体会到家庭成员的这次比赛有点像平时过日子，需要每个成员目标一致，家庭才能稳定，需要每个成员密切合作才能实现家和万事兴。

三、暑托班

2019 年 6 月的一天，暑假马上来临，社工在与小小和其父母沟通后，为老黄一家对接了民政干部和社区的公益晚托班和爱心暑托班，并且减免了费用，小小父亲带着小小一起办了手续，小小对于晚托班的学习也是非常热情。这个暑托班加晚托班课程辅导计划大致分三个板块：课业辅导计划、课堂之游戏破冰计划、知识拓展计划。

在暑期的这一个月内，小小参加这个暑托班和晚托班很开心，风雨无阻，一节课不落。不仅如此，他学习成绩优异，在晚托班里完成自己的作业后，还会帮助指导其他同学，赢得了其他同学的尊重，成为大家学习的榜样。还认识了好几个小伙伴，在轻松愉悦的学习氛围中加深了友谊。

第七节　短期成效显著，挑战还在未来

一、阶段性成效明显

再来到小小家中时，小小上了六年级，换了新的学校，新的环境。母亲表示小小近期的情况非常好，和同学相处也很愉快，晚上上晚自习，她就做好晚饭送过去，吃完了回家洗碗，然后再去接小小。对于小小现在的情况妈妈和我们都很高兴，对此我们表示了肯定和祝福，并承诺以后会不定期地回访。经诊断，小小目前已不再自卑，非常听话懂事，儿童心理、心智和社会交往能力得到明显改善。

老黄夫妻关系有所改善，吵架次数减少，父子关系得到有效改善。

俗话说家家有本难念的经，儿童是家庭的未来，儿童问题本质上是夫妻关系的问题，夫妻关系的好坏直接关系孩子的心理健康，但老黄和李阿姨夫妻两个分房住，李阿姨和儿子住的家庭居住环境还需要从根本上解决。未来的路还很长，长期目标还有很长的路要走，如果夫妻关系不从根本上改善，会影响孩子的短期成效，很可能会旧病复发。

二、挑战在未来

（1）理性面对夫妻关系，解决好老黄夫妻的分房居住问题。

（2）尽快让小小独立居住，随着年龄的增长，如果一直和妈妈住，长大后可能会变成"妈宝男"。

（3）社工、居委干部、救助所干部仍然需要协力搭建好这座家庭关系的桥梁。

三、反思

对小小一家的初步干预已经完成阶段性任务，并取得了初步的成效，但一个家庭一个人的行为模式、家庭关系模式的形成是多年来累积的结果，家庭矛盾也是日积月累的结果，冰冻三尺非一日之寒，多年的矛盾也非一日之功，不能毕其功于一役。但坚冰已破，社工和街道社工组织决定下一步继续把小小一家纳入"桥计划"。重点放在老黄夫妻关系的改善上，解决其分房居住的难题。解决好第一个难题有助于解决第二个难题——小小和妈妈同住。解决好这个难题，孩子自己独立居住也就水到渠成了。

四、余论　如何评估贫困家庭的安全感、获得感、幸福感

在评估贫困家庭、老年家庭和残疾人家庭中经常会运用社会工作方法访谈和评估，随着大数据和信息技术的发展，抽样调查方法越来越得到广泛应用，甚至有人说，抽样调查方法是最科学的方法，但社会工作的个案访谈法、小组座谈等方法并没有从现实案例中褪色，反而因为其方法的独特性获得较为可靠的信息。

（一）问题的提出：如何避免幸存者偏差

首先，抽样调查方法是当今社会学调查方法中最科学的，也是应用最广泛的，抽样调查方法结合了现代数学统计方法，又运用了大数据等

最新的信息统计理念，统计越来越科学，在某种程度上越来越精准、严密，似乎无懈可击；但有时候最精准、最科学的方法由于选择的典型性、代表性样本缺失，问题设计不通俗，谈话技巧不熟练等都会造成幸存者偏差的现象，甚至运用的方法越科学，分析结果离真相偏差就越大。

其次，如果问卷涉及的问题太大、太宏观，不够具体化、微观化、可感受化、可描述化、可语言化，更会搞得人无所适从。比如，有社工在大街上随机抽查一位老人，问您今年幸福吗？老大爷一脸蒙，回答："我姓曾"；还有人针对春节期间民工买票难问题，到高铁车厢问，您今年买到火车票了吗？回答我买到了；还有一次陪学生去养老院做问卷调查，一位新生随口问一位老爷爷，您为什么要住养老院，住得开心吗？老爷爷还没说话就已经泪千行了。这说明一个问题，问得不专业、不科学，效果会大打折扣，即使选择 10000 万份样本问卷，问题的不准确也会导致结果分析的科学性大打折扣。即使设计的问题比较精准、科学，但如果掌握不了相关谈话技巧，回收的问卷也难以保证质量。

为何会存在幸存者偏差问题，以贫困家庭"社会获得感"调查为例大致总结以下三个原因：代表性、典型性不足，抽样不科学，范畴分类不科学；问卷设计不具体、不通俗、不科学，问题设计不科学；调查方法的单一性反映不了复杂的需求，需要多样的方法作为补充。

这和抽样选择有关系，一般情况下，问卷设计越宏大，问卷答案越荒唐，以当前社会救助政策的效果评价为例，如果问卷设计"你是穷人吗？你是病人吗？你幸福吗？你安全吗？你有获得感吗？"这类宏大的社会问题具体到微观的个体角度就显出语言的苍白无力，很难避免幸存者偏差问题。

（二）复杂问题简单化

贫困家庭的需求问题非常庞杂，一般人找不到切入点，似乎无从下手，科学分析的方法就是把复杂的问题简单化。如根据社会救助政策的目标要求，政策准入标准，以低收入、低保、边缘群体为社会救助对象，以这些救助对象的需求满足细分为三个具体的简单问题：物质审美需求、伦理情感需求、精神信仰需求。

再把个体的物质需求获得感细化为社会救助、物质需求和满足的获得感。以前总认为富人是幸福的、快乐的，穷人是痛苦的、不幸福的。但调查发现富人不一定都快乐、都幸福。穷人幸不幸福，也需要调研，但在古代穷人吃不饱穿不暖，肯定那个年代吃一顿饱饭就是快乐，吃一顿饱饭就是幸福。千百年来中国人吃不饱穿不暖的痛苦记忆已经刻骨铭心，深入骨髓，以致今天大家见面问候语，还是"您吃了吗？"，笔者回到故乡老家，一位年近90岁高龄的爷爷，每次见面总问我，"在上海能吃饱吧，该吃就吃，别省着啊。"为什么，因为他们那一代对饥饿的记忆尤其深刻。所以今天无论在上海还是在老家，幸福感、获得感指数最高的往往是老人。尤其是以前生活比较困难的穷人，因为今天穷人也能吃饱饭。因而问卷设计需要针对不同贫困家庭设计不同的问题，针对因病致贫家庭设计和医疗相关的问题，诸如，具体患什么病？治疗费用大约占日常消费开支的比例是多少？医疗保险能报销多少？对医疗医保政策和补充医疗保险政策了解多少等类似问题，越细微越好。

关于伦理情感生活：一人好不算好，大家好才是真的好。人不是原子化的个体，人必须在人群中生活，必须在家庭中生活，必须在社区中生活。人和人之间的相处需要家庭伦理、社区伦理、社会伦理，其中家庭和社区是社会的基本组成细胞。如何对贫困群体设计具体家庭是否幸福、快乐的问题，这需要把握家庭成员的三类关系：夫妻关系、父子/母子关系、兄弟姐妹关系。中国人主张家和万事兴，天伦之乐一直是大家共同的追求。有人说幸福的家庭是相似的，不幸福的家庭却各有各的不幸。但需要指出的是，中国的文化传统是家丑不可外扬，清官难断家务事。好多家庭好面子，如果不熟悉，要么不回答你的问题，要么随意回答问题，保证不了问卷调查的科学性。因而要保障问卷调查的可信度，需要个案访谈法，需要花费大量时间去了解一户户典型家庭，需要和案主交朋友，否则很难得到有效果、有质量的访谈结果。

关于精神信仰生活：物质的满足、快乐和伦理道德的满足代替不了精神信仰的满足和需要，人们往往用物质快感代替精神信仰的贫困，有时人们试图用花钱的方式解决精神的迷茫和困惑，实在是用错了方式，越花钱越困惑，越迷茫。有时人们用伦理的方式解决精神的痛苦和迷茫，也是找错了方式，精神的迷茫和信仰的缺失只能用精神信仰的产品来满足。这层面也分两部分，一是精神心理，二是文化信仰。

其中精神心理健康几乎是所有贫困家庭的需求，尤其是新冠疫情以来，失业、再就业压力大，家庭关系不和，个体心理抑郁，生理疾病导致心理焦虑的压力、社区融入遭排斥的压力和社会资源短缺的压力等都需要外部社会支持系统和社会资源的支持。这些需求不是单纯依靠直接的物质救助和金钱帮扶就能获得的，而是需要专业工作者和专业组织提供专业的救助方案。

（三）科学分类、专业救助

不同贫困类型的家庭对现实需求各不相同，比如有的因病致贫家庭最急需的是解决医疗健康的问题，如果问他们失业问题、文化问题可能也需要解决但不是最急迫的。因而需要因人而异，对不同家庭设计不同的问题。科学分类、对症下药，是设计问题的必须环节。

概念分类容易犯的错误需要避免，又称范畴错误：如一个孩子看到游行队伍中的花车、动物、各式各样的小丑和乐队，但孩子不明白游行队伍在哪里；一个孩子看到人们用不同颜色的蜡笔写了3这个数字，但他不明白3是什么颜色。因而对贫困家庭的调查第一步是科学分类，分类不清，就容易犯范畴错误。比如我们不能把因病致贫家庭和癌症家庭、胃病家庭放在一起，因为从逻辑分类的科学角度看，癌症家庭、胃病家庭如果本身家庭经济条件好，或者外在力量帮助较多的话，不一定就会导致贫困。总之，这三类家庭好多是重复交叉，甚至范畴也是大小不一的。

在具体社会实践中，我们通常把贫困家庭分为四大类：因病致贫、结构性失业致贫、代际贫困和伦理文化贫困。每类家庭的表征也各不相同。

因病致贫家庭：一些低收入家庭因病致贫，因病返贫，一人生病拖累全家。

结构性致贫：因产业结构调整升级导致结构性失业，原有的企业或搬迁或破产倒闭，导致结构性失业家庭增多。

代际贫困家庭：夫妻关系紧张或者离婚或者分居，儿童成为事实孤儿，在成长的关键阶段得不到父母陪伴，心理孤独自闭，学习成绩一般，在学校不合群，不和别的孩子交往，这类孩子成为贫困群体的概率很大。

伦理文化贫困：伦理文化贫困的极端表现是离婚率上升，夫妻关系紧张、代际冲突、家庭中婆媳关系、隔代冲突等系列矛盾冲突，有时是因家庭离异导致贫困，有时是生活贫困导致离异；多种因素和结果互相影响、互为结果。伦理文化贫困的第一层含义是家庭中的矛盾自身无法解决，家庭成员个体心理压力、矛盾冲突压力、结构性失业压力、社区融入压力、社会融入压力等需要社会的支持帮助，需要专业人员的介入。伦理文化贫困的第二层含义是伦理传统的重建，新旧规则的冲突和融合。这种冲突主要表现为代际冲突，家庭代沟的现实冲突既体现为现实世界的利益冲突又体现为虚拟世界中的观念价值冲突。尤其是在互联网技术时代，代际冲突在信息茧房里的表现是信息孤岛和信息开放的矛盾并存，这个信息孤岛不仅仅以年龄代际和代沟为界限，更以价值观的不同为分野，不同价值观的群体因兴趣偏好、认知的不同而形成不同的信息孤岛，表面上信息社会是一个地球村，实质上被分割成一个一个封闭的信息孤岛。这种信息孤岛带来的矛盾冲突、偏见撕裂着现实生活中的很多家庭，尤其是贫困家庭。伦理文化贫困的第三层含义是语言文化贫困导致的文化冲突，而信息孤岛的生成是因为缺乏有效的语言沟通者，语言沟通通过各种语言形式，跨越这些信息孤岛和信息鸿沟，跨越这些代际鸿沟从而达到解决家庭之间的代沟冲突，家庭和社区之间的代沟，家庭和社会之间的代沟。

（四）专业化筛选

为避免幸存者偏差，并不是对社会学抽样调查方法一棍子打死。正如一句谚语说得好，我们泼洗脚水时不能连婴儿一起泼掉，我们需要的是对抽样调查方法进行纠偏、补充、完善。在对贫困家庭获得感进行抽样调查时，增加了社会工作的分类筛选法、个案访谈法、小组座谈法、电话访谈法。

分类筛选法：避免幸存者偏差，如对贫困家庭成因精准分类，采用大海捞针法。通过排除法从街道提供的 200 户一般贫困家庭中按照政策的贫困线救助标准筛选出最具代表性的 50 户重点家庭。再从 50 户重点家庭中根据四个分类标准筛选出 10 户特别贫困户家庭。这四类贫困家庭分别为：因病致贫型、结构失业型、文化贫困型、代际贫困型。这些家庭大多是复合型贫困，每一类家庭贫困的因素和结果多种多样，有时一因多果，有时多因一果，有时多因多果，更多情况下贫困的原因和贫困的结果互为因果。

个案访谈法：有学者说最科学的方法是个案访谈法，因为一个有代表性的家庭胜过 1000 个没意义的家庭。这是夸张的说法，但也说明了个案访谈法的重要性，个案访谈选择的对象必须具有典型性、代表性和特殊性。当然个案访谈需要的准备工作较多，文献收集、社区调查、家庭背景调查等都需要充分了解。

小组座谈法：同辈群体容易获得更多的可靠信息，小组之间更容易建立信任。个案访谈的不足可以用小组访谈弥补，尤其是小组访谈需要找有同类经历和病症的人员组成，因为同病相怜，小组内更容易形成命运共同体，更容易沟通交流。这需要协调者具有一定的组织能力、一定的人格魅力及必备的语言沟通技巧。

电话访谈法：电话访谈法的好处是指避免见面的尴尬，也就是中国传统文化中所说的家丑不可外扬，尤其是熟人或半熟人之间，更不愿意当面诉说。而电话沟通则能避免这一尴尬。在具体实践中，电话沟通反而更容易说出真实的想法和感受。但电话沟通的障碍在于目前人们防范心理重，害怕上当受骗，不轻易接电话。然而一旦接电话则很容易获取真实信息。这需要访谈者掌握一定沟通技能和技巧，说话声调、语速的适度都有助于沟通效果和效率。

对每一类贫困的个案家庭的成因和结果做详细的访谈，从家庭贫困的社区背景、社会背景、心理需求、知识需求、就业压力需求、社会资源需求方面做充分了解，这需要多个方法的综合应用。

（五）专业问题生活化

专业、专家在当前经济社会生活中的作用越来越大，但有时专业成了一种权力的代名词，会被滥用或者被误解，部分社会学学生、社会工作者甚至一些社会学学者总是把书本上的专业名词（甚至自己都没完全搞明白的情况下）取代日常生活用语，似乎高深莫测，让大家讳莫如深。事实上还有一种观点认为真正的学者应该把阳春白雪和下里巴人结合起来。就像中国共产党先进经验——走群众路线，将马克思主义科学的理论与中国实际相结合，与广大人民群众的利益相结合。如果只强调专业性，不强调大众性和社会化，公众会对专家敬而远之，对专业敬而远之。是专业偏离了生活，偏离了群众，不是生活、群众偏离了专业。如果为了专业性而强调让生活适应专业，就有点削足适履之感。如果纯粹迎合生活，专业性就失去了独特价值和存在的理由。把专业当权力用于和人对话，就容易造成语言暴力，无法进行平等对话和讨论，问卷问题就得不到真实的答案，也保障不了答案的真实性和科学性，所以专业话语需要通俗化和生活化。

专业性语言需要接地气：比如可以用"你家的收入是多少？一个月的开支占收入的比例是多少？这些收入能不能满足日常生活用品的购买"，这些生活语言代替类似"你家贫困吗？你家幸福吗？"这类宏观语言对话；针对因病致贫家庭就考虑他/她的家庭成员几个人，每月看病医保报销多少？如果没医保，社会救助的钱够不够看病支出，家里的收入主要来源是哪些，除去看病支出，家里日常生活开支多少？能不能满足基本的生活开支。政府的社会救助具体帮助体现在哪些方面？心理辅导、就业支持力度、家庭关系是否紧张？要具体到夫妻关系、亲子关系、婆媳关系，更需要用听得懂的大众语言交流。

（六）生活问题语言化

关于语言问题，当今世界和时代变化最大、最快的就是语言了。生活有时是变化的，但有时又是不变的，人们对物质生活审美生活的追求、对生活品质的追求是不变的，对家庭美满幸福的追求是不变的，对安全感的追求、对获得感的追求是不变的。这里有必要把握生活中语言意义的三个界限。

1. 意义和无意义的界限

有些语言沟通是无效的、无意义的，有些语言沟通是有效果的、有意义的。但关键问题是中国的语言太丰富，同一个问题的说法，有人理解，有人不理解。有人用精准的明确的语言沟通，有人用间接的修辞性委婉语言沟通。这需要在沟通者之间架起一座沟通的桥梁。明确有意义的和无意义的界限。这个沟通过程也必然是一个试错及付出时间成本和人力成本的过程。需要第三方架桥者具备丰富的阅历、娴熟的语言风格和技巧。

2. 言说和展示的界限

有些话，只可意会不可言说，只可展示不可言说。如果说出来就显得很苍白。比如说，我做调查时，有人提供了帮助，我第一次说谢谢，第二次说谢谢，第三次还说谢谢。说得多了，别人会感觉，这个人太虚伪了。因为人都有喜新厌旧的心理，从心理学感觉，边际效用递减，说得多了就产生审美疲劳和听觉疲劳。所以在一切语言沟通无效的情况下还可以运用身体语言、表情语言。这是言说和展示的界限。

3. 能说和不能说的界限

能说和不能说也有一个界限，有些事情可以做，但不能说；甚至还有一些事情既不能做也不能说。比如伦理道德、道德修养，只可亲力亲为，不可高谈阔论。中国古代传统教育中的身教胜于言传。对自己的亲人、子女教育尚且如此，对朋友、邻居和陌生人的道德说教只能让听者心理反感，有时谁都从心理认为自己是道德高尚的人，但如果站在道德制高点说教就成了道德绑架。

（七）有话好好说

要学会说话，需要掌握语言的密码，这就涉及语言沟通的三个环节："言说——倾听——对话。"

一是表达的过程，用通俗的大众化语言清晰而明确地表达出来。二是倾听的过程，你在表达的过程中还需要注意对方的反应，注意对方的眼神，注意对方的身体动作。但注意对方的眼神，也不能老盯着对方，老盯着对方会被认为不礼貌。三是对话和互动过程。包括听——参与——反馈三个环节。

沟通过程是一个硬币的两面，一面代表表达，一面代表倾听。你可能听某人是"他一直在听我说话，但他没听明白我的话"，听到是感官的接受，而听清是理解。研究表明，在一天中50%以上的交流涉及倾听。倾听是一门科学，更是一门艺术。进一步的研究表明，个人普遍表现出一种对听的参与的满足感。但人们往往在交流过程中多数时候是只顾自己说话，而不考虑对方倾听和参与，当人们在表达完一个想法和感受时立即准备开始下一个陈述，而只听对方回应的前面几个字。有效倾听、参与和回应反馈所涉及的关键要素如下：

定位听众角色：需要把所有注意力放在说话者所说的内容上，你应当清楚说话者想表达的所有意图。把注意力放在自己的想法而没有放在向你传递的信息上，是导致不良倾听习惯的重要原因，更加需要注意的是不要急于表达自己的评论或准备辩驳。

保持眼神交流：良好的眼神交流被认为是有效倾听的重要因素，更表示你对说话人的尊重，游离的眼神暗示着游离的思想。缺乏眼神交流会传递出你对话题不感兴趣的信息，但良好的眼神交流也不意味着持久地盯着对方，这会被认为是对私人空间的侵犯。

避免词语偏见：一些词语会引起明显的情感反应，然后会导致失去兴趣和表现出惊讶。有一些词汇如矮子、胖子、穷人等，有时说者无心，听者有意。

使用最小激励：表明你与说话者同步。最小激励包括短词短语，如重复关键词以鼓励说话者给出更多的细节信息。

解释刚说过的话：解释是一个比较精巧的最小鼓励的方式，除了关键词，运用个人的语言来加以阐述，以表达你对内容的理解。

问问题以增加陈述的清晰度：当没了解事实的时候提问题就成为必要，但有时问问题会让说话者处于防范状态。

用移情反映和分享情感：移情是一种重要的参与技巧，它可以唤醒听者的经历。移情是关注说话人的感情和思想，这不表示你必须把这些情感当作自己的感受，不是同情心。而是你应该感知到、理解到说话者的感受。

提供反馈：对说话者的反应经常要求听者给予反馈，然而在你给出反馈前要清楚对方是否需要你的反馈。反馈是详细精准的，在你的观点中要把情感和理性相结合。

总结所听内容：总结和解释类似，但是要求对说话者的思想和情感进行更多集中和综合，以达到全面理解。

当然上面是一般性的经验总结，不一定适用所有人，也不一定能为大家量身打造一个通用标准。它只是一个思路，一个参考，仅仅给大家提供一个借鉴和启发。

面对复杂的世界，变化的语言，多样的家庭，调查者唯一需要的是抱着专业的价值观、理性的方法、谦虚的做人态度、诚挚的学习精神面对不同的人和不同的家庭，面对具体语境，开展建设性对话。

参考文献

一、中文参考书目

[1] 陈顾远. 中国婚姻史 [M]. 北京：商务印书馆，2014.

[2] 吕思勉. 中国通史 [M]. 北京：中国商业出版社，2010.

[3] 郑全红. 中国家庭史（第 5 卷）：民国时期 [M]. 广州：广东人民出版社，2007.

[4] J. C. D. 克拉克. 1660—1832 年的英国社会 [M]. 姜德福，译. 北京：商务印书馆，2014.

[5] 钱穆. 中华文化十二讲 [M]. 北京：九州出版社，2012.

[6] 罗纳德·英格尔哈特. 现代化与后现代化 [M]. 严挺，译. 北京：社会科学文献出版社，2013.

[7] 乔安娜·L. 格罗斯曼，劳伦斯·M. 弗里德曼. 围城之内 [M]. 朱元庆，译. 北京：北京大学出版社，2018.

[8] 中国社会科学院拉丁美洲研究所. 当代中国拉丁美洲研究 [M]. 北京：中国社会科学出版社，2017.

[9] 斯塔夫里阿诺斯. 全球通史：从史前史到 21 世纪 [M]. 吴

象婴，梁赤民，董书慧，等译．北京：北京大学出版社，2006．

[10] 斯梅尔瑟，斯维德伯格．经济社会学手册［M］．罗教讲，张永宏，等译．北京：华夏出版社，2009．

[11] 林建军．"中国式离婚"调查报告［M］．北京：法律出版社，2016．

[12] 安德鲁·玛尔．现代英国的形成［M］．徐萍，译．北京：东方出版社，2020．

[13] 国家法官学院案例开发研究中心．中国法院 2019 年度案例：婚姻家庭与继承纠纷［M］．北京：中国法制出版社，2019．

[14] 马春华，李银河，唐灿，等．转型期中国城市家庭变迁：基于五城市的调查［M］．北京：社会科学文献出版社，2013．

[15] 格雷森·佩里．男性的衰落［M］．张艳，许敏，译．长沙：湖南文艺出版社，2020．

[16] 马克·布洛赫．封建社会［M］．李增洪，侯树栋，张绪山，译．北京：商务印书馆，2012．

[17] 安德烈·比尔基埃，克里斯蒂亚娜·克拉比什·朱伯尔，玛尔蒂娜·雪伽南，等．家庭史：现代化的冲击［M］．袁树仁，赵克非，邵济源，等译．北京：生活·读书·新知三联书店，1998．

[18] 道格拉斯·诺斯，罗伯斯·托马斯．西方世界的兴起［M］．厉以平，蔡磊，译．北京：华夏出版社，2017．

[19] 哈罗德·J·伯尔曼．法律与革命：西方法律传统的形成［M］．贺东方，译．北京：中国大百科全书出版社，1993．

[20] 艾伦·麦克法兰．英国个人主义的起源［M］．管可秾，译．北京：商务印书馆，2008．

[21] 阎照祥．英国贵族史［M］．北京：人民出版社，2015．

［22］E.A.韦斯特马克．人类婚姻史［M］．北京：商务印书馆，2015.

［23］迈克尔·奥利弗，鲍勃·萨佩．残疾人社会工作［M］．高巍，尹明，译．北京：中国人民大学出版社，2009.

［24］玛丽·埃伦·里士满．求索的一生：里士满社会工作专业化历程［M］．郑国锋，译．上海：华东理工大学出版社，2019.

［25］杨克．美国社会工作［M］．北京：中国社会出版社，2014.

［26］资中筠．财富的归宿：美国现代公益基金会述评［M］．上海：上海人民出版社，2006.

［27］保罗·皮尔逊．福利制度的新政治学［M］．汪淳波，译．北京：商务印书馆，2004.

［28］托马斯·索绪尔．知识分子和社会［M］．张亚月，梁兴国，译．北京：中信出版社，2013.

［29］毛锐．撒切尔政府私有化政策研究［M］．北京：中国社会科学出版社，2005.

［30］安东尼·吉登斯．第三条道路：社会民主主义的复兴［M］．郑戈，译．北京：北京大学出版社，2000.

［31］雨果·杨格．铁女人：撒切尔夫人传［M］．汤玉明，李贵仓，汪海洋，译．西安：西北大学出版社，1990.

［32］贺喜．智利现代化道路研究［M］．北京：世界图书出版公司，2014.

［33］曹龙兴．智利早期现代化研究［M］．天津：天津人民出版社，2019.

［34］夏尔·阿托克西·德·托克维尔．论美国的民主［M］．北京：商务印书馆，1989.

［35］王思斌. 社会工作概论［M］. 北京：高等教育出版社，2014.

［36］王浦劬，莱斯特·M. 萨拉蒙，等. 政府向社会组织购买公共服务研究：中国与全球经验分析［M］. 北京：北京大学出版社，2010.

［37］郑功成. 中国残疾人事业发展报告［M］. 北京：人民出版社，2011.

［38］李迎生. 社会工作概论［M］. 北京：中国人民大学出版社，2010.

［39］玛格丽特·米德. 代沟［M］. 曾胡，译. 北京：光明日报出版社，1988.

［40］克莱顿·罗伯茨，戴维·罗伯茨，道格拉斯·R. 比松. 英国史［M］. 潘兴明，等译. 北京：商务印书馆，2013.

［41］艾伦·麦克法兰. 现代世界的诞生［M］. 管可秾，译. 上海：上海人民出版社，2013.

［42］雅各布·阿伯特. 征服者威廉［M］. 王清，译. 北京：华文出版社，2018.

［43］理查德·豪伊. 边际效用学派的兴起［M］. 晏智杰，译. 成都：西南财经大学出版社，2019.

［44］彭华民，徐愫. 人类行为与社会环境［M］. 北京：高等教育出版社，2016.

二、中文期刊及报纸

［1］张浩淼. 中国社会救助 70 年（1949—2019）：政策范式变迁与新趋势［J］. 社会保障评论，2019，3（3）.

［2］刘赛力. 保守党连续执政十七年来的英国经济［J］. 世界经

济与政治，1997（1）．

　　[3] 高庆波，芦思姮．阿根廷经济迷局：增长要素与制度之失：阿根廷中等输入陷阱探析［J］．拉丁美洲研究，2018，40（4）．

　　[4] 王克强，马克星，刘红梅．政府购买社会组织服务项目的绩效评价、问题及提升战略：基于上海市的调研访谈［J］．中国行政管理，2019，409（7）．

　　[5] 李然，吴越，戴晨曦．青少年社会工作实践中的伦理困境及应对策略：基于对北京市海淀区青少年社工的访谈［J］．中国社会工作，2015（13）．

　　[6] 佚名．政府购买社工服务地方推进亮点纷呈［J］．中国社会工作，2015（18）．

　　[7] 汪昊．民政部财政部联合发布《关于加快推进社会救助领域社会工作发展的意见》［J］．中国社会工作，2015（18）．

　　[8] 张迎迎．政府为残疾人服务买单［N］．慈善公益报，2016-01-22.

　　[9] 孙云.2020年上海225项助残服务政府采购项目集中发布［N］．新民晚报，2019-11-03.

　　[10] 智利民事结合法生效适用于同性伴侣［N］．法制日报，2015-11-03.

三、电子资源

　　[1] 何路曼．受疫情影响，智利结婚和离婚人数同比大幅减少［EB/OL］．中国新闻网，2020-07-13.

　　[2] 胡明山．民政部公布2019年全国离婚率［EB/OL］．法案之窗，2020-01-02.

［3］杨瑛．美国年轻一代的离婚率为何不升反降［EB/OL］．上观新闻，2018-10-10.

［4］言心．智利男性薪资比女性高三成［EB/OL］．南美侨报网，2018-05-03。

［5］中国女性就业率现状报告：劳动力需求碾压全球［EB/OL］．每日财经网，2019-08-12.

［6］周聪．中国女性职场调查报告［EB/OL］．金羊网，2019-04-12.

［7］瑜锋．中国人大教授的调查大数据告诉你：出轨率一直在上升［EB/OL］．搜狐网，2020-06-29.

［8］我国残疾人数量逐年减少，更名的贫困残疾人家庭生产生活状况得到改善［EB/OL］．央广网，2019-05-19.

［9］吴振东．上海户籍老人比例超35%老龄化程度再加深［EB/OL］．中国国情网，2020-05-25.

［10］程思炜．统计局回应6亿人月收入1000元：有数据印证［EB/OL］．财新网，2020-06-15.

［11］张盈华．拉美福利赶超的原因及教训［EB/OL］．澎湃新闻，2018-08-14.

［12］中国广播电视总台央视网做好民政工作，读懂习近平的"三个聚焦"［EB/OL］．中国网，2019-04-03.

［13］车丽．社会救助法草案征求意见 国家拟建立突发公共事件困难群众救助机制，［EB/OL］．央广网，2020-09-08.

［14］沪社会救助新规5月1日起实施［EB/OL］．上海发布，2019-04-28.

［15］上海社工协会．2020年上海市社会工作行业发展报告［EB/

OL].上海社工，2020-06-23.

　　［16］王共强.网络游戏障碍：网络在那里，不来不去［EB/OL］.睡眠心理和医学论坛，2018-06-20.

　　［17］芦文正.电竞自由职业的身份被教育部承认了，但被你的家人认可了吗?［EB/OL］.人民电竞，2020-07-17.

　　［18］张大明.关于绩效评估原则的实践和思考［EB/OL］.上海社会组织公共服务平台，2020-08-12.

　　［19］上海市民政局.上海承接政府购买服务社会组织推荐目录2020版［EB/OL］.上海社会组织公共服务平台，2022-07-15.

后　记

本书是近年来笔者对集社会工作理论教学、科学研究和社会政策服务为一体的实务本土化探讨。

自 2015 年至 2019 年，上海市民政局在对贫困家庭提供社会救助政策服务过程中引入了社会工作的服务理念、方法和工作机制，把社会救助政策通过项目化运作模式，通过用社会工作的专业方法和实务理论，通过社工组织和社工为贫困家庭增权赋能提供家庭能力建设的方式，增加贫困群体对社会救助政策的获得感、幸福感和安全感。本书以上海市松江区、金山区等郊区的残疾家庭、老龄家庭、贫困救助家庭为例进行了贫困的理论因素分析、社工的实务模式介入，督导评估的全过程跟踪，评估贫困家庭的救助成效，提炼了社会工作的四大服务机制：精准识别预估机制、项目承接运行机制、社会工作转接机制和督导成效评估机制。同时本书更是多年来课堂案例教学的思考总结，通过鲜活的本土案例把社会工作服务过程中的理念、理论知识（基础社会学理论、经济学社会学理论、社会工作实务理论）、实务方法（个案方法、团体方法和社区方法）、社会救助政策，分专题进行课堂讲解，且通过启发性、互动性教学方法为学生传道、解惑、授业。本书也是笔者进行社会

255

科学研究多年来成果的一个阶段性积累。

　　本书中的倾听叙事是在 2018 年完成的，犹记得两年前上海五月的春风拂过，如今已是十二月初冬。一路走来，回首这段时光，我们收获良多，感触良多。听人物讲故事的意义不仅在于听老人的故事，也是在听文化、听传统、听老一辈的奋斗史、听时代的发展和日新月异的变化……听人物的故事，我们与老人的心灵进行碰撞与交流，了解老人的同时也与部分老人建立了友谊，深深地被其个人魅力折服。如今，一个个故事已经以文字的形式记录了下来，相信它对于老人及其家庭都意义非凡。访谈期间正好碰上社区居委会和村委会换届期间，是工作人员百忙之中为我们联系访谈对象，没有他们的支持和帮助，我们就没有机会进行访谈。

　　还要感谢我的课题小组成员的辛勤工作和付出，张鹏、刘诗瑜、韩凤秋、张慧霞、林芊芊等几个小伙伴在炎炎夏日中顶着酷暑，奔波在上海松江的大街小巷，奔波于不同人家。前期的访谈提纲准备、访谈时的认真倾听、访谈后的文字整理、后期的文档与图片编辑……不知道流了多少汗，也不知道吃了多少苦，冷暖酸甜，他们自知。当然，上海市松江、金山民政局及残联的帮助更是为我的书稿付梓提供了机会和案例；上海立信会计金融学院领导和法学院领导及广大老师提供的支持也必不可少，在这里一并感谢。此刻多么感激的话都显得苍白无力。听老人讲故事暂时告一段落，而上海还有千千万万老人，还有千千万万个故事。我们如今只窥得一斑，路漫漫其修远兮，未来任重而道远。